学ぶ人は、
変えて
ゆく人だ。

目の前にある問題はもちろん、

人生の問いや、

社会の課題を自ら見つけ、

挑み続けるために、人は学ぶ。

「学び」で、

少しずつ世界は変えてゆける。

いつでも、どこでも、誰でも、

学ぶことができる世の中へ。

旺文社

2020-2021年対応

文部科学省後援

英検® 3級 3回過去問集

「日本英語検定協会推奨」とは、皆様に適切なものを安心してご選択いただけるよう、「英検®ブランド第三者審議委員会」の審査を通過した商品・サービスに限り、公益財団法人 日本英語検定協会がその使用を認めたものです。なお、「日本英語検定協会推奨」は、商品・サービスの使用により英検®の合格や英検CSEスコアアップを保証するものではありません。

※ 英検®には4つの方式があります(p.11参照)。本書に収録されている問題は、「従来型」の過去問のうち、公益財団法人 日本英語検定協会から提供を受けたもののみです。準会場・海外受験などの問題とは一致しない場合があります。英検CBT®、英検 2020 1 day S-CBT®、英検 2020 2 days S-Interview®の過去問は公表されていませんが、問題形式・内容は従来型と変わりませんので、受験準備のためには本書収録の過去問がご利用いただけます。

旺文社

付属CDについて

CDは2枚重なっており，
DISC2はDISC1の裏側に入っています。

付属CDには，本書に掲載されている一次試験・リスニングと二次試験・面接を完全収録しています。収録箇所は本書で CD 1 1 ～ 11 のように表示しています。1問ごとにトラック番号が区切られています。

特長　3級　リスニング

- 本番の試験の音声を収録 → スピードをつかめる！
- 解答時間は本番通り10秒間 → 解答時間に慣れる！
- CDに収録されている英文は，別冊解答に掲載 → 聞き取れない箇所を確認できる！

特長　3級　面接（スピーキング）

- 実際の流れ通りに収録 → 本番の雰囲気を味わえる！

　・パッセージの黙読（20秒の黙読時間）
　・パッセージの音読（Model Readingを収録）
　・質問（練習用に10秒の解答時間）

- 各質問のModel Answerも収録 → 模範解答が確認できる！
- Model Answerは，別冊解答に掲載 → 聞き取れない箇所を確認できる！

トラック番号一覧

2019年度 第3回	リスニング	CD1	1～33
	面接	CD1	34～42
2019年度 第2回	リスニング	CD1	43～75
	面接	CD1	76～84
2019年度 第1回	リスニング	CD2	1～33
	面接	CD2	34～42

〈ご注意〉ディスクの裏面には，指紋，汚れ，傷などがつかないよう，お取り扱いにはご注意ください。一部の再生機器（パソコン，ゲーム機など）では再生に不具合が生じることがありますのでご承知おきください。

2019年度 第3回 二次試験 A日程 (2020.2.23 実施)

問題カード

この問題カードは切り取って，本番の面接の練習用にしてください。
質問は p.49 にありますので，参考にしてください。

Badminton

Playing badminton is a popular activity in Japan. Some students join badminton teams at school, and many people play badminton in local gyms on weekends. Some players hope to take part in the Olympics someday.

2019年度 第3回 二次試験 B日程 (2020.3.1 実施)

問題カード

この問題カードは切り取って，本番の面接の練習用にしてください。
質問は p.51 にありますので，参考にしてください。

Spaghetti

Spaghetti is eaten by people all over the world. It is often eaten with a sauce made from tomatoes. Spaghetti is delicious and easy to cook, so it is a popular dish with many families.

切り取り線

2019年度第3回　英検3級　解答用紙

【注意事項】

①解答にはHBの黒鉛筆(シャープペンシルも可)を使用し，解答を訂正する場合には消しゴムで完全に消してください。

②解答用紙は絶対に汚したり折り曲げたり，所定以外のところへの記入はしないでください。

③マーク例

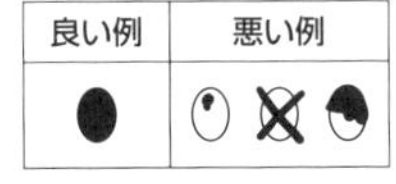

これ以下の濃さのマークは読めません。

解答欄					
問題番号		1	2	3	4
1	(1)	①	②	③	④
	(2)	①	②	③	④
	(3)	①	②	③	④
	(4)	①	②	③	④
	(5)	①	②	③	④
	(6)	①	②	③	④
	(7)	①	②	③	④
	(8)	①	②	③	④
	(9)	①	②	③	④
	(10)	①	②	③	④
	(11)	①	②	③	④
	(12)	①	②	③	④
	(13)	①	②	③	④
	(14)	①	②	③	④
	(15)	①	②	③	④

解答欄					
問題番号		1	2	3	4
2	(16)	①	②	③	④
	(17)	①	②	③	④
	(18)	①	②	③	④
	(19)	①	②	③	④
	(20)	①	②	③	④
3	(21)	①	②	③	④
	(22)	①	②	③	④
	(23)	①	②	③	④
	(24)	①	②	③	④
	(25)	①	②	③	④
	(26)	①	②	③	④
	(27)	①	②	③	④
	(28)	①	②	③	④
	(29)	①	②	③	④
	(30)	①	②	③	④

※筆記4の解答欄はこの裏にあります。

リスニング解答欄					
問題番号		1	2	3	4
第1部	例題	①	②	●	
	No. 1	①	②	③	
	No. 2	①	②	③	
	No. 3	①	②	③	
	No. 4	①	②	③	
	No. 5	①	②	③	
	No. 6	①	②	③	
	No. 7	①	②	③	
	No. 8	①	②	③	
	No. 9	①	②	③	
	No. 10	①	②	③	
第2部	No. 11	①	②	③	④
	No. 12	①	②	③	④
	No. 13	①	②	③	④
	No. 14	①	②	③	④
	No. 15	①	②	③	④
	No. 16	①	②	③	④
	No. 17	①	②	③	④
	No. 18	①	②	③	④
	No. 19	①	②	③	④
	No. 20	①	②	③	④
第3部	No. 21	①	②	③	④
	No. 22	①	②	③	④
	No. 23	①	②	③	④
	No. 24	①	②	③	④
	No. 25	①	②	③	④
	No. 26	①	②	③	④
	No. 27	①	②	③	④
	No. 28	①	②	③	④
	No. 29	①	②	③	④
	No. 30	①	②	③	④

2019年度第3回

Web特典「自動採点サービス」対応
オンラインマークシート

※検定の回によってQRコードが違います。
※筆記1～3，リスニングの採点ができます。
※ PC からも利用できます (問題編 p.8 参照)。

※実際の解答用紙に似せていますが，デザイン・サイズは異なります。

切り取り線

●記入上の注意（記述形式）
・指示事項を守り，文字は，はっきりと分かりやすく書いてください。
・太枠に囲まれた部分のみが採点の対象です。

4 ライティング解答欄

5

10

切り取り線

2019年度第2回　英検3級　解答用紙

【注意事項】

①解答にはHBの黒鉛筆(シャープペンシルも可)を使用し，解答を訂正する場合には消しゴムで完全に消してください。

②解答用紙は絶対に汚したり折り曲げたり，所定以外のところへの記入はしないでください。

③マーク例

良い例	悪い例

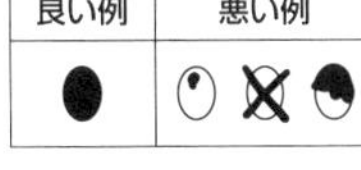

これ以下の濃さのマークは読めません。

解答欄					
問題番号		1	2	3	4
1	(1)	①	②	③	④
	(2)	①	②	③	④
	(3)	①	②	③	④
	(4)	①	②	③	④
	(5)	①	②	③	④
	(6)	①	②	③	④
	(7)	①	②	③	④
	(8)	①	②	③	④
	(9)	①	②	③	④
	(10)	①	②	③	④
	(11)	①	②	③	④
	(12)	①	②	③	④
	(13)	①	②	③	④
	(14)	①	②	③	④
	(15)	①	②	③	④

解答欄					
問題番号		1	2	3	4
2	(16)	①	②	③	④
	(17)	①	②	③	④
	(18)	①	②	③	④
	(19)	①	②	③	④
	(20)	①	②	③	④
3	(21)	①	②	③	④
	(22)	①	②	③	④
	(23)	①	②	③	④
	(24)	①	②	③	④
	(25)	①	②	③	④
	(26)	①	②	③	④
	(27)	①	②	③	④
	(28)	①	②	③	④
	(29)	①	②	③	④
	(30)	①	②	③	④

※筆記4の解答欄はこの裏にあります。

リスニング解答欄					
問題番号		1	2	3	4
	例題	①	②	●	
第1部	No. 1	①	②	③	
	No. 2	①	②	③	
	No. 3	①	②	③	
	No. 4	①	②	③	
	No. 5	①	②	③	
	No. 6	①	②	③	
	No. 7	①	②	③	
	No. 8	①	②	③	
	No. 9	①	②	③	
	No. 10	①	②	③	
第2部	No. 11	①	②	③	④
	No. 12	①	②	③	④
	No. 13	①	②	③	④
	No. 14	①	②	③	④
	No. 15	①	②	③	④
	No. 16	①	②	③	④
	No. 17	①	②	③	④
	No. 18	①	②	③	④
	No. 19	①	②	③	④
	No. 20	①	②	③	④
第3部	No. 21	①	②	③	④
	No. 22	①	②	③	④
	No. 23	①	②	③	④
	No. 24	①	②	③	④
	No. 25	①	②	③	④
	No. 26	①	②	③	④
	No. 27	①	②	③	④
	No. 28	①	②	③	④
	No. 29	①	②	③	④
	No. 30	①	②	③	④

2019年度第2回

Web特典「自動採点サービス」対応 オンラインマークシート

※検定の回によってQRコードが違います。

※筆記1～3，リスニングの採点ができます。

※ PC からも利用できます (問題編 p.8 参照)。

※実際の解答用紙に似せていますが，デザイン・サイズは異なります。

切り取り線

●**記入上の注意（記述形式）**
・指示事項を守り，文字は，はっきりと分かりやすく書いてください。
・太枠に囲まれた部分のみが採点の対象です。

4 ライティング解答欄

5

10

切り取り線

2019年度第1回　英検3級　解答用紙

【注意事項】
①解答にはHBの黒鉛筆(シャープペンシルも可)を使用し，解答を訂正する場合には消しゴムで完全に消してください。
②解答用紙は絶対に汚したり折り曲げたり，所定以外のところへの記入はしないでください。
③マーク例

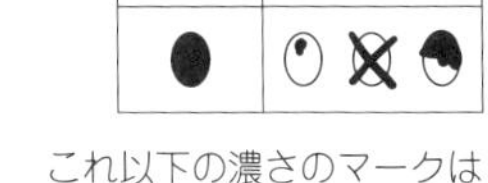

これ以下の濃さのマークは読めません。

解答欄					
問題番号		1	2	3	4
1	(1)	①	②	③	④
	(2)	①	②	③	④
	(3)	①	②	③	④
	(4)	①	②	③	④
	(5)	①	②	③	④
	(6)	①	②	③	④
	(7)	①	②	③	④
	(8)	①	②	③	④
	(9)	①	②	③	④
	(10)	①	②	③	④
	(11)	①	②	③	④
	(12)	①	②	③	④
	(13)	①	②	③	④
	(14)	①	②	③	④
	(15)	①	②	③	④

解答欄					
問題番号		1	2	3	4
2	(16)	①	②	③	④
	(17)	①	②	③	④
	(18)	①	②	③	④
	(19)	①	②	③	④
	(20)	①	②	③	④
3	(21)	①	②	③	④
	(22)	①	②	③	④
	(23)	①	②	③	④
	(24)	①	②	③	④
	(25)	①	②	③	④
	(26)	①	②	③	④
	(27)	①	②	③	④
	(28)	①	②	③	④
	(29)	①	②	③	④
	(30)	①	②	③	④

※筆記4の解答欄はこの裏にあります。

リスニング解答欄					
問題番号		1	2	3	4
第1部	例題	①	②	●	
	No. 1	①	②	③	
	No. 2	①	②	③	
	No. 3	①	②	③	
	No. 4	①	②	③	
	No. 5	①	②	③	
	No. 6	①	②	③	
	No. 7	①	②	③	
	No. 8	①	②	③	
	No. 9	①	②	③	
	No. 10	①	②	③	
第2部	No. 11	①	②	③	④
	No. 12	①	②	③	④
	No. 13	①	②	③	④
	No. 14	①	②	③	④
	No. 15	①	②	③	④
	No. 16	①	②	③	④
	No. 17	①	②	③	④
	No. 18	①	②	③	④
	No. 19	①	②	③	④
	No. 20	①	②	③	④
第3部	No. 21	①	②	③	④
	No. 22	①	②	③	④
	No. 23	①	②	③	④
	No. 24	①	②	③	④
	No. 25	①	②	③	④
	No. 26	①	②	③	④
	No. 27	①	②	③	④
	No. 28	①	②	③	④
	No. 29	①	②	③	④
	No. 30	①	②	③	④

2019年度第1回

Web特典「自動採点サービス」対応
オンラインマークシート

※検定の回によってQRコードが違います。
※筆記1～3，リスニングの採点ができます。
※PCからも利用できます(問題編 p.8 参照)。

※実際の解答用紙に似せていますが，デザイン・サイズは異なります。

切り取り線

●記入上の注意（記述形式）
・指示事項を守り，文字は，はっきりと分かりやすく書いてください。
・太枠に囲まれた部分のみが採点の対象です。

4 ライティング解答欄

5

10

Introduction

はじめに

実用英語技能検定（英検®）は，年間受験者数390万人（英検IBA，英検Jr.との総数）の小学生から社会人まで，幅広い層が受験する国内最大級の資格試験で，1963年の第1回検定からの累計では1億人を超える人々が受験しています。英検®は，コミュニケーションに欠かすことのできない4技能をバランスよく測定することを目的としており，**英検®の受験によってご自身の英語力を把握できるだけでなく，進学・就職・留学などの場面で多くのチャンスを手に入れることにつながります。**

この『直前対策 3回過去問集』は，英語を学ぶ皆さまを応援する気持ちを込めて刊行しました。本書は，**2019年度に実施された3回分の過去問**を，皆さまの理解が深まるよう，日本語訳や詳しい解説を加えて収録しています。

本書が皆さまの英検合格の足がかりとなり，さらには国際社会で活躍できるような生きた英語を身につけるきっかけとなることを願っています。

最後に，本書を刊行するにあたり，多大なご尽力をいただきました敬愛大学教授 向後秀明先生に深く感謝の意を表します。

2020年　秋

もくじ

Contents

執　筆：向後秀明（敬愛大学）
編集協力：株式会社 カルチャー・プロ，入江　泉
録　音：ユニバ合同会社
デザイン：林 慎一郎（及川真咲デザイン事務所）
組版・データ作成協力：幸和印刷株式会社

本書の使い方

ここでは，本書の過去問および特典についての活用法の一例を紹介します。

本書の内容

- 過去問 3回分
- 英検インフォメーション (p.10-13)
- 傾向と攻略ポイント (p.16-20)
- これだけは覚えたい！ 重要ポイント (p.22-27)
- 二次試験・面接の流れ (p.21)
- Web特典 (p.7-9)

本書の使い方

一次試験対策

情報収集・傾向把握

・英検インフォメーション
・傾向と攻略ポイント

過去問にチャレンジ

・2019年度第3回一次試験
・2019年度第2回一次試験
・2019年度第1回一次試験
※【Web特典】自動採点サービスの活用

仕上げ

・これだけは覚えたい！ 重要ポイント
・【Web特典】
これだけは覚えたい！ 重要ポイント

二次試験対策

情報収集・傾向把握

・二次試験・面接の流れ
・【Web特典】
面接シミュレーション／面接模範例

過去問にチャレンジ

・2019年度第3回二次試験
・2019年度第2回二次試験
・2019年度第1回二次試験

過去問の取り組み方

1セット目

【実力把握モード】

本番の試験と同じように，制限時間を設けて取り組みましょう。どの問題形式に時間がかかりすぎているか，正答率が低いかなど，今のあなたの実力を把握し，学習に生かしましょう。
「自動採点サービス」を活用して，答え合わせをスムーズに行いましょう。

2セット目

【学習モード】

制限時間をなくし，解けるまで取り組みましょう。
リスニングは音声を繰り返し聞いて解答を導き出してもかまいません。すべての問題に正解できるまで見直します。

3セット目

【仕上げモード】

試験直前の仕上げに利用しましょう。
時間を計って本番のつもりで取り組みます。
これまでに取り組んだ3セットの過去問で間違えた問題の解説，「これだけは覚えたい！ 重要ポイント」を本番試験の前にもう一度見直しましょう。

音声について

一次試験・リスニングと二次試験·面接の音声を聞くことができます。本書とともに使い，効果的なリスニング・面接対策をしましょう。

収録内容と特長

一次試験・リスニング

本番の試験の音声を収録 → 

解答時間は本番通り10秒間 → 

収録されている英文は，別冊解答に掲載 → 

二次試験・面接（スピーキング）

実際の流れ通りに収録  本番の雰囲気を味わえる！

- パッセージの黙読（試験通り20秒の黙読時間があります）
- パッセージの音読（Model Readingを収録しています）
- 質問（練習用に10秒の解答時間）

各質問のModel Answerも収録  模範解答が確認できる！

Model Answerは，別冊解答に掲載  聞き取れない箇所を確認できる！

4つの方法で音声が聞けます！

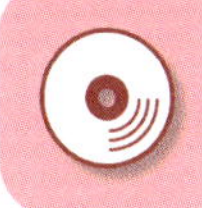

① 本書付属CDを再生

［ご利用方法］
本書巻頭に付属しているCDをご利用ください。

② 公式アプリ「英語の友」（iOS/Android）でお手軽再生

リスニング力を強化する機能満載

- 再生速度変換（0.5～2.0倍速）
- お気に入り機能（絞込み学習）
- オフライン再生
- バックグラウンド再生
- 試験日カウントダウン

［ご利用方法］

1 「英語の友」公式サイトより，アプリをインストール
https://eigonotomo.com/ 英語の友
（右のQRコードから読み込めます）

2 アプリ内のライブラリよりご購入いただいた書籍を選び，「追加」ボタンを押してください

3 パスワードを入力すると，音声がダウンロードできます
[パスワード：sphcxr] ※すべて半角アルファベット小文字

※本アプリの機能の一部は有料ですが，本書の音声は無料でお聞きいただけます。
※詳しいご利用方法は「英語の友」公式サイト，あるいはアプリ内ヘルプをご参照ください。
※2020年9月4日から2022年2月28日までご利用いただけます。
※本サービスは，上記ご利用期間内でも予告なく終了することがあります。

③ パソコンで音声データダウンロード（MP3）

［ご利用方法］

1 **Web特典にアクセス** 詳細は，p.7をご覧ください。

2 **「一次試験［二次試験］音声データダウンロード」から聞きたい検定の回を選択してダウンロード**

※音声ファイルはzip形式にまとめられた形でダウンロードされます。
※音声の再生にはMP3を再生できる機器などが必要です。ご使用機器，音声再生ソフト等に関する技術的なご質問は，ハードメーカーもしくはソフトメーカーにお願いいたします。

④ スマートフォン・タブレットでストリーミング再生

［ご利用方法］

1 **自動採点サービスにアクセス** 詳細は，p.8をご覧ください。
（右のQRコードから読み込めます）

2 **聞きたい検定の回を選び，リスニングテストの音声再生ボタンを押す**

※自動採点サービスは一次試験に対応していますので，一次試験・リスニングの音声のみお聞きいただけます。（二次試験・面接の音声をお聞きになりたい方は，①付属CD，②アプリ「英語の友」，③音声データダウンロードをご利用ください）
※音声再生中に音声を止めたい場合は，停止ボタンを押してください。
※個別に問題を再生したい場合は，問題番号を選んでから再生ボタンを押してください。
※音声の再生には多くの通信量が必要となりますので，Wi-Fi環境でのご利用をおすすめいたします。

Web特典について

購入者限定の「Web 特典」を，皆さんの英検合格にお役立てください。

ご利用可能期間	2020年9月4日～2022年2月28日 ※本サービスは予告なく変更，終了することがあります。	
アクセス方法	スマートフォン タブレット	右のQRコードを読み込むと，パスワードなしでアクセスできます！
	PC スマートフォン タブレット 共通	1. Web特典（以下のURL）にアクセスします。 https://eiken.obunsha.co.jp/3q/ 2. 本書を選択し，以下のパスワードを入力します。 **sphcxr**　※すべて半角アルファベット小文字

〈特典内容〉

(1)自動採点サービス

リーディング（筆記1～3），リスニング（第1部～第3部）の自動採点ができます。詳細はp.8を参照してください。

(2) 解答用紙

本番にそっくりの解答用紙が印刷できるので，何度でも過去問にチャレンジすることができます。

(3)音声データのダウンロード

一次試験リスニング・二次試験面接の音声データ（MP3）を無料でダウンロードできます。

(4)これだけは覚えたい！重要ポイント音声

「これだけは覚えたい！重要ポイント」(p.22)に対応した音声を聞くことができます。一次試験までに，覚えておきましょう。

(5)3級面接対策

【面接シミュレーション】入室から退室までの面接の流れが体験できます。本番の面接と同じ手順で練習ができるので，実際に声に出して練習してみましょう。

【面接模範例】入室から退室までの模範応答例を見ることができます。各チェックポイントで，受験上の注意点やアドバイスを確認しておきましょう。

【問題カード】面接シミュレーションで使用している問題カードです。印刷して，実際の面接の練習に使ってください。

自動採点サービスの利用方法

正答率や合格ラインとの距離，間違えた問題などの確認ができるサービスです。

ご利用可能期間	2020年9月4日～2022年2月28日 ※本サービスは予告なく変更，終了することがあります。	
アクセス方法	スマートフォン タブレット	右のQRコードを読み込んでアクセスし， 採点する検定の回を選択してください。
	PC スマートフォン タブレット 共通	p.7の手順で「Web特典」にアクセスし，「自動採点サービスを使う」を選択してご利用ください。

［ご利用方法］

1 オンラインマークシートにアクセスします

Web特典の「自動採点サービスを使う」から，採点したい検定回を選択するか，各回のマークシートおよび問題編の各回とびらのQRコードからアクセスします。

2 「問題をはじめる」ボタンを押して筆記試験を始めます

ボタンを押すとタイマーが動き出します。制限時間内に解答できるよう，解答時間を意識して取り組みましょう。

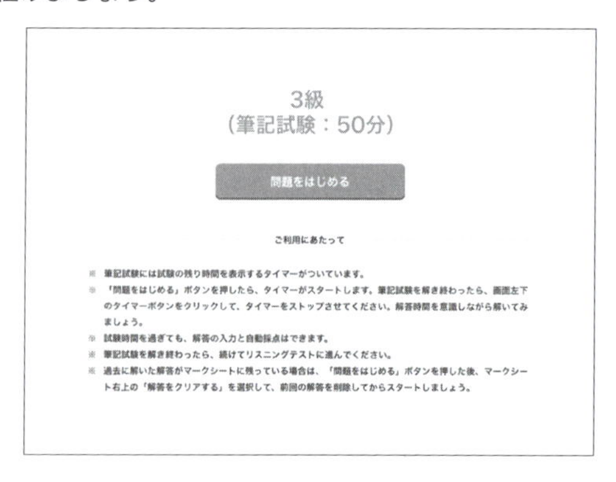

3 筆記試験を解答し終わったら，タイマーボタン  を押してタイマーをストップさせます

4 リスニングテストは画面下にある音声再生ボタンを押して音声を再生し，問題に取り組みましょう

一度再生ボタンを押したら，最後の問題まで自動的に進んでいきます。

5 リスニングテストが終了したら，「答え合わせ」ボタンを押して答え合わせをします

採点結果の見方

タブの選択で【あなたの成績】と【問題ごとの正誤】が切り替えられます。

【あなたの成績】

Ⓐ技能ごとの正答率が表示されます。3級の合格の目安，正答率60%を目指しましょう。

Ⓑ大問ごとの正答率が表示されます。合格ラインを下回る問題は，対策に力を入れましょう。

Ⓒ採点サービス利用者の中でのあなたの現在位置が示されます。

【問題ごとの正誤】

各問題のあなたの解答と正解が表示されます。間違っている問題については色で示されますので，別冊解答の解説を見直しましょう。

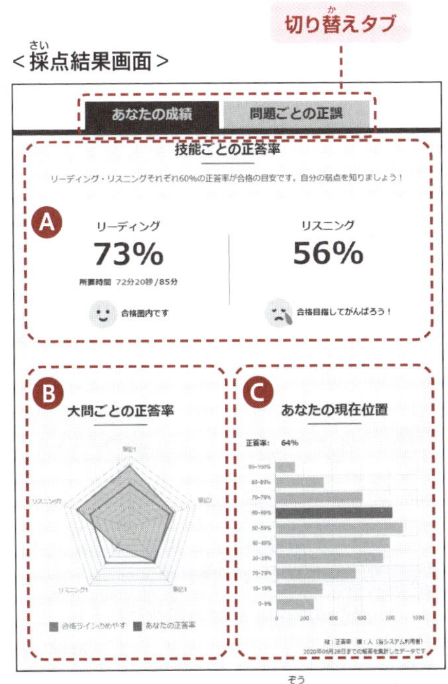

※画像はイメージです。

英検® Information インフォメーション

出典：英検ウェブサイト

英検3級について

3級では，「身近な英語を理解し，また使用できる」ことが求められます。入試優遇や単位認定などに幅広く活用されています。目安としては「中学卒業程度」です。

試験内容

一次試験 筆記・リスニング

主な場面・状況	家庭・学校・地域（各種店舗・公共施設を含む）・電話・アナウンスなど
主な話題	家族・友達・学校・趣味・旅行・買い物・スポーツ・映画・音楽・食事・天気・道案内・自己紹介・休日の予定・近況報告・海外の文化・人物紹介・歴史など

筆記試験 50分

問題	形式・課題詳細	問題数	満点スコア
1	短文の空所に文脈に合う適切な語句を補う。	15問	550
2	会話文の空所に適切な文や語句を補う。	5問	
3	パッセージ（長文）の内容に関する質問に答える。	10問	
4	質問に対して自分の考えとその裏付けとなる理由を書く。（25～35語）	1問	550

リスニング 約25分

問題	形式・課題詳細	問題数	満点スコア
第1部	会話の最後の発話に対する応答として最も適切なものを補う。（放送回数1回，補助イラスト付き）	10問	550
第2部	会話の内容に関する質問に答える。（放送回数2回）	10問	
第3部	短いパッセージの内容に関する質問に答える。（放送回数2回）	10問	

2020年7月現在の情報を掲載しています。試験に関する情報は変更になる可能性がありますので，受験の際は必ず英検ウェブサイトをご確認ください。

二次試験 面接形式のスピーキングテスト

主な場面・題材	身近なことに関する話題
過去の出題例	携帯電話・ラジオを聴く・読書週間・冬のスポーツ・朝市・四季など

スピーキング ｜ 約5分

問題	形式・課題詳細	満点スコア
音読	30語程度のパッセージを読む。	550
No.1	音読したパッセージの内容についての質問に答える。	
No.2 No.3	イラスト中の人物の行動や物の状況を描写する。	
No.4 No.5	日常生活の身近な事柄についての質問に答える。 (カードのトピックに直接関連しない内容も含む)	

4種類の英検®

英検には，実施方式が異なる4種類の試験があります。実施時期や受験上の配慮など，自分に合った方式を選択しましょう。なお，従来型の英検とその他の英検の問題形式，難易度，級認定，合格証明書発行，英検CSEスコア取得等はすべて同じです。

▶英検®(従来型)
紙の問題冊子を見て解答用紙に解答。二次試験（S）を受験するためには，一次試験（RLW）に合格する必要があります。

▶英検CBT®
コンピュータを使って1日で4技能を受験。Sはコンピュータを使った録音式で実施されます。

▶英検 2020 1 day S-CBT®
RLWは解答用紙に記入，Sはコンピュータを使った録音式。1日で4技能を受験することができます。

▶英検 2020 2 days S-Interview®
点字や吃音等，CBT方式では対応が難しい受験上の配慮が必要な方のみが受験可能。

RはReading，LはListening，WはWriting，SはSpeakingを表します。
受験する級によって選択できる方式が異なります。各方式の詳細および最新情報は英検ウェブサイト（https://www.eiken.or.jp/eiken/）をご確認ください。

合否判定方法

統計的に算出される英検CSEスコアに基づいて合否判定されます。Reading，Writing，Listening，Speakingの4技能が均等に評価され，合格基準スコアは固定されています。

技能別にスコアが算出される！

技能	試験形式	満点スコア	合格基準スコア
Reading（読む）	一次試験（筆記1～3）	550	1103
Writing（書く）	一次試験（筆記4）	550	
Listening（聞く）	一次試験（リスニング）	550	
Speaking（話す）	二次試験（面接）	550	353

- 一次試験の合否は，Reading，Writing，Listeningの技能別にスコアが算出され，それを合算して判定されます。
- 二次試験の合否は，Speakingのみで判定されます。

合格するためには，技能のバランスが重要！

英検CSEスコアでは，技能ごとに問題数は異なりますが，スコアを均等に配分しているため，各技能のバランスが重要となります。なお，正答数の目安を提示することはできませんが，2016年度第1回一次試験では，1級，準1級は各技能での正答率が7割程度，2級以下は各技能6割程度の正答率の受験者の多くが合格されています。

英検CSEスコアは国際標準規格CEFRにも対応している！

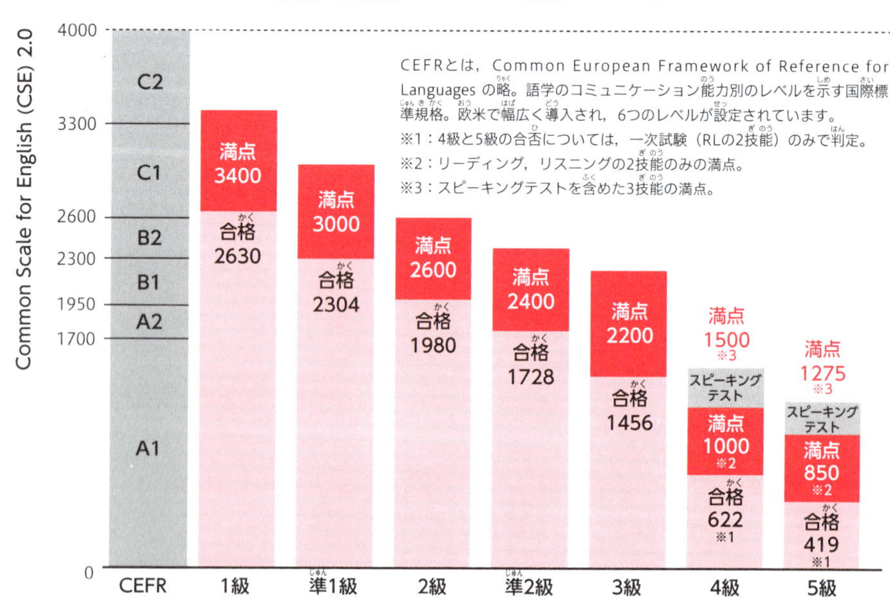

英検®(従来型)受験情報

※「従来型・本会場」以外の実施方式については，試験日程・申込方法・検定料が異なりますので，英検ウェブサイトをご覧ください。
※ 受験情報は変更になる場合があります。

◉ 2020年度 試験日程

	第1回	第2回	第3回
申込受付	終了	インターネット申込・コンビニ申込のみ 7月1日～7月24日	11月20日▶12月10日 (12月4日 書店締切)
一次試験		10月11日㊐	2021年 1月24日㊐
二次試験		A 11月8日㊐ B 11月15日㊐	A 2021年 2月21日㊐ B 2021年 2月28日㊐

※二次試験にはA日程，B日程があり，条件により指定されます（日程の選択は不可）。詳しくは英検ウェブサイトをご覧ください。

◉ 申込方法

団体受験 ▶ 学校や塾などで申し込みをする団体受験もあります。詳しくは先生にお尋ねください。

個人受験 ▶ インターネット申込・コンビニ申込・英検特約書店申込のいずれかの方法で申し込みができます。詳しくは英検ウェブサイトをご覧ください。

◉ 検定料

（本会場料金/税込）

1級	準1級	2級	準2級	3級	4級	5級
10,300円	8,400円	7,400円	6,900円	5,900円	3,600円	3,000円

※ 1～3級の「一次免除者（一次試験に合格し，二次試験を受験していない，または不合格になった人は，一次試験を1年間免除され，申請をすれば二次試験から受験することができる）」の検定料は，通常の受験者と同額です。

お問い合わせ先

英検サービスセンター
TEL. 03-3266-8311
㊊～㊎ 9：30～17：00
（祝日・年末年始を除く）

英検ウェブサイト
www.eiken.or.jp/eiken/
試験についての詳しい情報を見たり，入試等で英検を活用している学校の検索をすることができます。

CBT体験サービスについて

p.11「4種類の英検」で紹介した「英検CBT」と「英検2020 1 day S-CBT（以下，英検S-CBT）」は，従来型の英検と異なり，コンピュータを使って全部または一部の解答を行う試験です。これらの試験の過去問は非公開ですが，問題形式・内容は従来型と変わりません。英検CBT・英検S-CBTの受験を予定している場合は，本書に収録された従来型の問題を利用したウェブ模試サービスを使って，CBT形式での受験を疑似体験してみましょう。

※画面はすべて開発中のものです。実際とは異なる場合があります。

サービス概要

◎本書に掲載されている2019年度第3回の過去問1セットを，パソコンを使ってウェブ上で解くことができます。

※タブレット，スマートフォンではご利用いただけません。

◎リスニング・リーディングは自動で正答率を確認できます。

◎スピーキング・ライティングは解答を保存でき，復習ができます。

◎模試全体を通して解くだけでなく，特定の問題だけを選んで練習することもできます。

ご利用可能期間　2020年9月4日～2022年2月28日

※本サービスは予告なく変更，終了することがあります。

アクセス方法

❶ 以下のURLにアクセスします。
https://eiken-moshi.obunsha.co.jp/

❷ 利用規約を確認し，氏名とメールアドレスを登録します。

❸ 登録したアドレスにメールが届きますので，記載されたURLにアクセスし，登録を完了します。

❹ 本書を選択し，以下の利用コードを入力します。
sphcxr

❺ 以降の詳しいご利用方法は，ウェブ模試内のヘルプをご参照ください。

【推奨動作環境】

対応OS：Windows 10，8.1／Mac OS 10.8以降

ブラウザ：Windows OSの場合…最新バージョンのChromium版Microsoft Edge，Google Chrome
Mac OSの場合…最新バージョンのGoogle Chrome

インターネット環境：ブロードバンド　画面解像度：1024×768以上

ブラウザの機能利用には，JavaScript，Cookieの有効設定が必要です。

※ご利用のパソコンの動作や使用方法に関するご質問は，各メーカーまたは販売店様にお問い合わせください。

※この模試サービスの使用により生じた，いかなる事態にも一切責任は負いかねます。

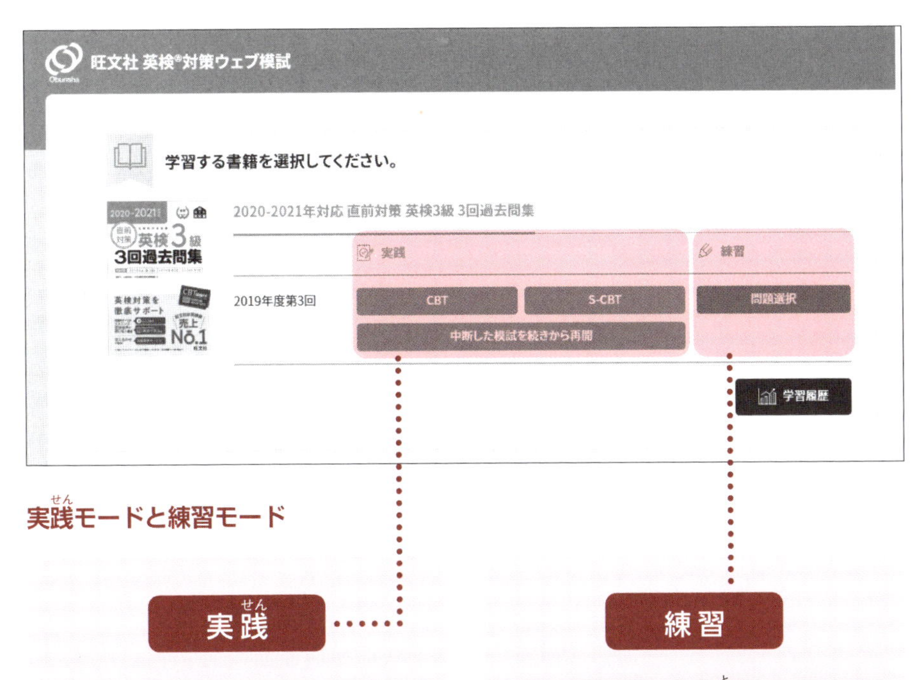

実践モードと練習モード

実践

本番のように最初から最後まで通して受けたい場合に選択してください。途中で休憩することも可能です。再開したときに続きから解答することができます。

練習

特定の問題だけ選んで解きたい場合には「問題選択」のボタンを選択してください。選んだ問題の解答が終わると，問題選択画面に戻ります。

【CBT形式とS-CBT形式】

「英検CBT」はパソコンを使ってすべての解答を行う試験であり，「英検S-CBT」は，パソコン画面を見て，紙の解答用紙に記入する試験です。実際の英検S-CBTに近い形でウェブ模試を受けたい場合は，本書に付属の解答用紙を利用して解答してください（ただし本書付属の解答用紙と実際のS-CBTの解答用紙とでは，解答欄の配置や例題の有無など異なる部分があります)。画面上で選択肢を選んで解答した場合，リスニングとリーディングでは自動で正答率が示されますので，結果の確認に便利です。

傾向と攻略ポイント

2020年1月（二次試験は2・3月）に行われた2019年度第3回検定を分析し，出題傾向をまとめました。3級の合格に必要な正答率は6割程度と予測されます。正答率が6割を切った大問は苦手な分野だと考えましょう。

一次試験　筆記（50分）

1　短文の語句空所補充

短文または会話文中の空所に適切な語（句）を補う。

問題数 **15問**　めやす **10分**

傾向

●単語　(1)～(6) の6問。空所に入れる語は，名詞が collection の1問，動詞が explain，cross，order，died の4問，形容詞が dark の1問であった。

●熟語　(7)～(12) の6問。grew up，far away，so ～ that …，hold on，be tired of ～，on business が出題された。

●文法　(13)～(15) の3問。受動態〈be 動詞＋動詞の過去分詞 (spoken)〉，if 節で主語が it のときの動詞の形，〈形容詞の比較級 (safer)＋than ～〉がポイントになっていた。

試験のポイント

単語問題は，問題文をできるだけ正確に理解し，文の意味から空所にどのような語が入るのかを推測して正解を判断するのが基本。熟語問題は，特に空所の前後にある語句とのつながりに注意する。文法問題は，問題文の意味とともに，選択肢を見て何がポイントになっているかをチェックして正しい語や形を選択する。

学習のポイント

単語は，意味だけでなく，例文を見てどのように使われるのかを理解しておく。熟語は，どの語が空所になっていても対応できるように，表現全体を覚えておく。文法は，主語による動詞の形，疑問文・否定文，時制，受動態，分詞，不定詞，動名詞，関係代名詞，比較などの頻出事項を整理し，過去問を見て各ポイントを確実に理解しておく。

2　会話文の文空所補充

A-BまたはA-B-Aの会話文中で空所に適切なものを補う。

問題数 **5問**　めやす **5分**

傾向

今回は3問がA-B，2問がA-B-Aの会話文。解答のポイントとして，楽しい時間を過ごしたことを伝える I had a great time.，「確認しに行く」という意味の go and check，相手に「～するのはどう？」と提案をする Why don't we ～?，「～を探す」という意味の look for ～，量を尋ねる How much ～? などの表現が含まれていた。

試験のポイント

会話文の全体的な流れとともに，特に空所の前後の発話に注意し，空所にどのような内容が入れば自然な会話として成り立つかを考える。質問－答えのいずれかが空所になっている場合は，両者の意味的な関係に注意する。

学習のポイント

過去問を利用して，実際の会話の状況を頭に描きながら読むようにする。また，会話文の流れから空所に入る内容を予想し，それに最も近い選択肢を選ぶ練習をしておこう。

3 長文の内容一致選択

[A]［B］［C］3種類の英文を読んで内容に関する質問に答える。問題数はそれぞれ2問，3問，5問。

問題数 **10問**
めやす **20分**

傾向

英文の種類は決まっていて，[A]は掲示（お知らせ），[B]はEメールまたは手紙文，[C]は説明文。[C]は，人物（動物）や物，場所，特定の地域における行事の紹介などが多い。質問は，原則として英文に出てくる順番で問われる。今回，[A]は女子サッカーチームの優勝パレードの案内，[B]は学校のスキー旅行に関する2人の生徒によるEメールでのやりとり，[C]はカナダで作られた有名な帆船ブルーノーズに関する4段落構成の英文であった。

過去に3[C]に出題されたテーマ

2019-2	ニューヨーク市にあるグランドセントラルターミナル駅の歴史と現在の様子
2019-1	カナダで有名なアイスホッケー選手だったモーリス・リシャールの生涯
2018-3	バレンタインデーの由来となったローマの神父バレンティヌスが取った行動

試験のポイント

掲示では，誰が，何の目的で，誰に向けて作ったものであるかをつかむとともに，日付，時間，場所，費用などに関する表現にも注意する。Eメール・手紙文，説明文では，最初に質問を読み，読解する際のポイントを絞ると効果的である。各段落の概要を把握しながら，質問に関する情報を含んでいる英文は特に丁寧に読んでいこう。

学習のポイント

普段からなるべく多くの掲示，Eメール・手紙，説明文を読む習慣をつけておく。その際，各英文を2度読むようにし，1度目は，わからない単語や表現があっても前後関係から意味を推測して読み進め，概要を把握する。2度目は，代名詞の指示内容などを含め，細部の情報に注意しながら読むようにする。その後で，必要に応じて辞書などを使って単語や表現の意味を確認するとともに，それらをノートにまとめておこう。

4 英作文（ライティング）

英語で与えられたQUESTIONについて，自分の考えとその理由2つを25語～35語程度の英文で書く。

問題数 **1問**
めやす **15分**

傾向

学校や家庭などの日常生活に関する身近な話題についてQUESTIONが出され，自分自身の考えと，その理由2つを書くことが求められる。今回は，家族のために料理を作ることが好きであるかどうかが問われた。

試験のポイント QUESTIONを正確に理解し，問われていることに対応した内容を書くことが大切。今回の問題では，家族に料理を作ることが好きかどうかに続けて，好きな（または好きではない）理由は何か（例：家族に料理を作るメリットなど）を具体的に説明する。全体の構成とともに，適切な単語・表現・文法を使うことや，書く分量にも注意しよう。

学習のポイント 3級の二次試験のNo.4やNo.5で出題されるような身近な話題について，自分の意見→1つ目の理由→2つ目の理由という構成で，30語前後の英文を書く練習をできるだけ多くしておこう。

一次試験　リスニング（約25分）

第1部　会話の応答文選択　問題数 10問

イラストを参考にA-B-Aの対話を聞き，最後のAに対する応答として適切なものを選ぶ。選択肢も放送される。放送は1回。

傾向 学校の友だち同士，病院スタッフと来院者，駅員と乗客，親子などの会話が出題された。話題としては，修学旅行の行き先，携帯電話の使用禁止，野球の試合，電車の所要時間，テニスの試合，歯医者へ行く日時，入りたいクラブ活動などが扱われていた。

試験のポイント イラストを見て，あらかじめ話者や会話が行われている状況を把握しておく。また，自分がBになったつもりで会話を聞き，どのように応答するのが自然かを考える。

学習のポイント 過去問を利用して，最後の発話が疑問文であれば問われている内容に合った選択肢を選び，肯定文や否定文ではその状況でどのような応答が適切かを判断する練習をしておく。

第2部　会話の内容一致選択　問題数 10問

A-B-A-Bの対話文とそれに関する質問を聞き，印刷された選択肢から適切な答えを選ぶ。放送は2回。

傾向 友だち同士，親子，客と店員などの会話が出題された。話題としては，インドへの訪問経験，買い物の依頼，ファッションショーのチケット，海へ行く手段，迎えの依頼，買いたいシャツの色などが扱われていた。質問はすべて疑問詞で始まる疑問文である。

試験のポイント 放送が始まる前に選択肢にさっと目を通し，これから聞き取る内容の手がかりを得ておく。1回目は，会話の話題・概要と質問で何が問われているかを理解し，2回目は，特に質問に関係する部分に注意して聞くようにする。

学習のポイント　過去問を利用して会話文をたくさん聞き，5W1H（What，Who，When，Where，Why，How）の要素に注意しながら内容を理解できるようにする。また，4つの選択肢をできるだけ短時間で読む練習もしておくとよい。

第3部　文の内容一致選択　問題数 10問

35語前後の英文とそれに関する質問を聞き，印刷された選択肢から適切な答えを選ぶ。放送は2回。

傾向　レストランでの仕事内容，公園で見つけた猫，週末の予定，飼っているペットなどが話題の英文に加え，学校での生徒への案内も出題された。内容の一部を問う問題が多いが，What is the girl talking about? のように，全体から正解を判断する質問もあった。

試験のポイント　英文中に同じ種類の情報（人物，曜日，場所，年齢，時間などの表現）が複数出てきて，質問ではそれらの細かな違いが問われることが多い。各情報を整理しながら聞くとともに，質問ではどの情報が求められているかに注意して解答する。

学習のポイント　同程度の長さの英文を普段からできるだけたくさん聞いて，簡潔にメモを取るなどして，複数の情報を聞き分ける練習をする。また，第2部と同様に，4つの選択肢を速読して理解できるように訓練しておく。

二次試験　面接（約5分）

英文（パッセージ）とイラストの付いた問題カードが渡される。20秒の黙読の後，英文の音読をするよう指示される。それから，英語で5つの質問がされる。

No. 1 ………… 問題カードのパッセージに関する質問。まず，パッセージのどの英文に解答が含まれているかを見つける。解答する際は，主語を代名詞に置き換えるとともに，質問と重複する部分や質問には直接関係のない部分まで答えないように注意する。今回は，Badminton「バドミントン」や Spaghetti「スパゲティ」といったタイトルの英文が出題された。質問は，Why，Where，What で始まる疑問文が中心。

No. 2, 3 ….. 問題カードに描かれているイラストに関する質問。登場人物が今，何をしているかを問う What is ～ doing?，これから何をしようとしているか（イラスト中の吹き出しで示されている）を問う What is ～ going to do?，数を問う How many ～?，場所を問う Where ～? などがよく出題される。これらの質問に合わせた形で答えることがポイント。〔例〕（質問）What is he doing? →（解答）He's ～ing. /（質問）What is she going to do? →（解答）She's going to ～. /（質問）How many bottles are there on the table? →（解答）There are ～ (bottles).

No. 4, 5 ····· 問題カードのパッセージやイラストの内容とは関係のない受験者自身に関する質問で，like to ～「～することが好きだ」，want to / would like to ～「～したい」などの表現が含まれることが多い。No. 5 には 2 つの質問がある。最初の質問には，Yes / No で答えることが多い。Yes の場合は，Please tell me more. や Why? のように，さらに詳しい説明が求められる。No の場合は，Why not? の他に，最初の質問とは異なる話題について聞かれることも多い。いずれも，〈主語＋動詞〉を入れた文の形で答えるようにしよう。今回の No. 4 では Where do you like to go in your free time? や What do you do to relax? など，No. 5 の最初の質問では Have you ever been camping? や Are you a student? などが出題された。

過去に面接で出題されたテーマ

日常生活，学校生活，人々の間で人気のあること，日本の風習などが主な話題。3 文構成になっていることが多く，話題の導入→情報 1 →情報 2 という流れになっている。

2019-2 ［A］International Supermarkets（国際的なスーパーマーケット）
［B］Concerts（コンサート）

2019-1 ［A］A Popular Japanese Food（人気のある日本食）
［B］Health Clubs（健康クラブ）

2018-3 ［A］A Popular Food（人気のある食べ物）
［B］The Winter Games（冬の競技）

2018-2 ［A］Coffee Shops（コーヒーショップ）
［B］Fishing（釣り）

2018-1 ［A］Eating Fish（魚を食べること）
［B］The Rainy Season（梅雨）

2017-3 ［A］Saturdays（土曜日）
［B］Enjoying Japan（日本を楽しむこと）

二次試験・面接の流れ

(1) 入室とあいさつ

係員の指示に従い，面接室に入ります。あいさつをしてから，面接委員に面接カードを手渡し，指示に従って，着席しましょう。

(2) 氏名と受験級の確認

面接委員があなたの氏名と受験する級の確認をします。その後，簡単なあいさつをしてから試験開始です。

(3) 問題カードの黙読

英文とイラストが印刷された問題カードを手渡されます。まず，英文を20秒で黙読するよう指示されます。英文の分量は30語程度です。

※問題カードには複数の種類があり，面接委員によっていずれか1枚が手渡されます。本書では英検協会から提供を受けたもののみ掲載しています。

(4) 問題カードの音読

英文の音読をするように指示されるので，タイトルから読みましょう。時間制限はないので，意味のまとまりごとにポーズをとり，焦らずにゆっくりと読みましょう。

(5) 5つの質問

音読の後，面接委員の5つの質問に答えます。No.1～3は問題カードの英文とイラストについての質問です。No.4・5は受験者自身についての質問です。No.3の質問の後，カードを裏返すように指示されるので，No.4・5は面接委員を見ながら話しましょう。

(6) カード返却と退室

試験が終了したら，問題カードを面接委員に返却し，あいさつをして退室しましょう。

※二次試験にはA日程とB日程がありますが，受験級・申込方法・年齢・希望受験地等により，どちらかを指定されます。日程を選択・変更することはできません。詳しくは英検ウェブサイトをご確認ください。

これだけは覚えたい！

重要ポイント

Web特典（p.7）で
音声が聞けます！

一次試験までに覚えておきたい単語・熟語などの重要ポイントをまとめました。

チェックのしかた

❶まずは，今の実力をチェック！

過去問を解く前に，左側の□を使って知らなかったものをチェック。試験までにしっかり覚えましょう！

❷一次試験が近づいてきたら…

試験前に，右側の□を使って再度チェック。左側の□にチェックが入っていたものは覚えられましたか？ 試験までにカンペキに覚えきりましょう！

① 動詞

他動詞は目的語の例をつけた形（例：borrow a book）で覚えましょう。不規則動詞はその意味とともに，過去形・過去分詞（例：break – broke – broken）をチェックしましょう。

□□ borrow	～を借りる
□□ break	～を壊す
□□ choose	～を選ぶ
□□ climb	（～に）登る
□□ continue	～を続ける
□□ cross	～を渡る
□□ decide	～しようと決心する
□□ drive	～を運転する
□□ forget	～を忘れる
□□ graduate	卒業する
□□ happen	起こる
□□ hold	～を手に持つ，～を開催する
□□ join	～に加わる
□□ laugh	笑う
□□ lose	～を失う
□□ miss	～がないのを寂しく思う，～に乗り遅れる
□□ order	～を注文する
□□ pay	～を支払う
□□ perform	演じる
□□ practice	～を練習する
□□ receive	～を受け取る
□□ remember	～を思い出す

□□ repeat	～を繰り返す
□□ return	～を返す，戻る
□□ ride	～に乗る
□□ sell	～を売る
□□ send	～を送る
□□ show	～を見せる
□□ smell	～のにおいがする
□□ spend	（時，お金）を費やす
□□ touch	～に触れる
□□ travel	旅行する
□□ turn	（～を）曲がる
□□ wear	～を身につけている
□□ win	（～に）勝つ
□□ worry	心配する

② 名詞

名詞単独で覚えようとするのではなく，その名詞が使われている例文（例：We will have a concert in the gym.）とともに，意味やどのように使われるのかを理解しましょう。

□□ accident	事故
□□ airport	空港
□□ area	地域
□□ chance	機会
□□ concert	コンサート
□□ environment	環境
□□ event	出来事，行事
□□ festival	祭り
□□ garden	庭
□□ gym	体育館
□□ history	歴史
□□ idea	考え
□□ information	情報
□□ job	仕事
□□ language	言語
□□ newspaper	新聞
□□ notice	掲示
□□ parent(s)	（複数形で）両親
□□ prize	賞
□□ problem	問題
□□ program	番組
□□ rule	規則

□□ subject	教科，（Eメールなどの）件名
□□ ticket	チケット
□□ vacation	休暇

□□ volunteer	ボランティア
□□ weather	天候
□□ website	ウェブサイト

③ 形容詞・その他

形容詞や副詞などを短いフレーズの中で覚えるようにします。特に，形容詞はよく使われる名詞と一緒にした形（例：a difficult problem）で整理しておくようにしましょう。

□□ ago	（今から）～前
□□ almost	ほとんど
□□ angry	怒って
□□ another	もう1つの
□□ boring	退屈な
□□ busy	忙しい
□□ dangerous	危険な
□□ delicious	とてもおいしい
□□ different	違った
□□ difficult	難しい
□□ during	～の間ずっと
□□ enough	十分に
□□ expensive	値段の高い

□□ famous	有名な
□□ favorite	大好きな
□□ foreign	外国の
□□ free	無料の，ひまな
□□ healthy	健康的な
□□ important	重要な
□□ nervous	緊張して
□□ other	他の
□□ same	同じ
□□ special	特別な
□□ useful	役に立つ
□□ usually	普段は
□□ wrong	間違った

④ 熟語

各熟語の意味を理解しておくことはもちろんですが，どの語が空所になっていても対応できるように，何度も声に出して練習をして表現全体を覚えておくようにしましょう。

□□ a few ～	2，3の～
□□ a pair of ～	1組の～
□□ as soon as ～	～するとすぐに
□□ be absent from ～	～を欠席している
□□ be different from ～	～と異なる
□□ be full of ～	～でいっぱいである
□□ be late for ～	～に遅れる
□□ be proud of ～	～を誇りに思っている
□□ be ready to *do*	～する用意ができている
□□ be sick in bed	病気で寝ている
□□ be surprised at ～	～に驚く
□□ between *A* and *B*	AとBの間に
□□ both *A* and *B*	AとBの両方とも
□□ feel better	前より気分がよい
□□ for the first time	初めて
□□ get off ～	～から降りる
□□ give up *doing*	～することをあきらめる
□□ go for a walk	散歩に行く
□□ go on a trip	旅行に出かける
□□ grow up	成長する

□□ **have a cold** 風邪をひいている

□□ **how often ～** どれくらいの頻度で～

□□ **hurry up** 急ぐ

□□ **in front of ～** ～の前で

□□ **introduce *A* to *B*** AをBに紹介する

□□ **look forward to *doing*** ～することを楽しみに待つ

□□ **look like ～** ～に似ている

□□ **move to ～** ～へ引っ越す

□□ **not ～ at all** まったく～ない

□□ **on *one's* way to ～** ～へ行く途中で

□□ **pick up ～** ～を車で迎えに行く

□□ **put on ～** ～を身につける

□□ **say hello to *A* for *B*** Bに代わってAによろしく伝える

□□ **take a walk** 散歩する

□□ **take care of ～** ～の世話をする

□□ **talk on the phone** 電話で話す

□□ **try on ～** ～を試着する

⑤ 長文読解でよくある質問のパターン

疑問詞，主語，動詞に注意して何について問われているかを正確に理解して，長文のどこについての質問かをチェックします。

- □□ **What did ～ do?**　～は何をしたか
- □□ **What happened to *A* in *B*?**　B年にAに何が起こったか
- □□ **When did ～?**　いつ～したか
- □□ **How long did ～?**　どのくらいの期間～したか
- □□ **What is this story about?**　この話は何についてか

⑥ リスニングでよくある質問のパターン

疑問詞，主語，動詞に加えて時を表す語句などに注意し，放送文中のどの情報について問われているのか理解するようにしましょう。

- □□ **What will ～ do today?**　～は今日何をするか
- □□ **Where are they talking?**　彼らはどこで話しているか
- □□ **What is ～ talking about?**　～は何について話しているか
- □□ **How much is ～?**　～はいくらか
- □□ **How did ～ go to …?**　～はどうやって…へ行ったか

2019-3

一次試験 2020. 1 .26実施
二次試験 A日程 2020. 2 .23実施
B日程 2020. 3 . 1 実施

Grade 3

試験時間

筆記：50分
リスニング：約25分

＊解答・解説は別冊p.3～38にあります。
＊面接の流れは本書p.21にあります。

2019年度第3回

Web特典「自動採点サービス」対応 オンラインマークシート

※検定の回によってQRコードが違います。
※筆記1～3，リスニングの採点ができます。
※ PC からも利用できます（本書 p.8 参照）。

一次試験

筆　記

1　次の (1) から (15) までの (　　) に入れるのに最も適切なものを 1, 2, 3, 4 の中から一つ選び，その番号のマーク欄をぬりつぶしなさい。

(1) *A:* Do you want to play another game of tennis?
B: No, let's stop. It's getting too (　　　) to see the ball.
1 free　**2** dark　**3** high　**4** silent

(2) *A:* Can you (　　　) this word to me? I don't understand it.
B: Sure. It's not difficult.
1 sell　**2** save　**3** excuse　**4** explain

(3) *A:* Don't (　　　) the street now, Fred. Look. The light is red.
B: OK, Mom.
1 start　**2** cross　**3** finish　**4** mean

(4) *A:* Let's (　　　) a pizza for dinner tonight, Frank.
B: That's a great idea, Mom.
1 pull　**2** guess　**3** contact　**4** order

(5) Patty has a large (　　　) of old teacups that she never uses.
1 space　**2** planet　**3** habit　**4** collection

(6) *A:* I forgot to give these flowers water for a week, so they (　　　).
B: That's too bad.
1 listened　**2** died　**3** wrote　**4** made

(7) I (　　　) up in London and came to Tokyo three years ago.
1 lost　**2** grew　**3** knew　**4** became

(8) *A:* Do you come to school by bike, Mr. Grant?
B: No, Bob. I live (　　　) away. I come by car.
1 fast　**2** soon　**3** far　**4** little

(9) When Keiko woke up this morning, it was (　　　) late that she didn't have time for breakfast.
1 any　**2** too　**3** as　**4** so

(10) *A:* Hello. This is Tom. May I speak to Luke?
B: Sure. (　　　) on, please.
1 Make　**2** Pull　**3** Hold　**4** Decide

(11) *A:* Cindy is late. Let's start the meeting.
B: Yes, I'm (　　　) of waiting.
1 upset　**2** tired　**3** silent　**4** crowded

(12) *A:* Are you going to Okinawa on (　　　)?
B: No, I'm going there on vacation.
1 business　**2** company　**3** office　**4** job

(13) My school has students from all over the world. Many languages are (　　　) there.
1 speak　**2** spoke　**3** spoken　**4** speaking

(14) If it (　　　) tomorrow, I'll stay home and read.
1 rain　**2** rains　**3** to rain　**4** raining

(15) Many people think that Tokyo is (　　　) than most big cities in the world.
1 safe　**2** safer　**3** safest　**4** safely

2

次の (16) から (20) までの会話について，(　　　) に入れるのに最も適切なものを 1, 2, 3, 4 の中から一つ選び，その番号のマーク欄をぬりつぶしなさい。

(16) ***Mother:*** How was your school trip to Kyoto?
Daughter: (　　　) I hope I can go back one day.

1 We're leaving next week.　**2** I had a great time.
3 I found it in the hotel.　**4** I'll ask my teacher.

(17) ***Wife:*** Is the chicken ready to eat?
Husband: I don't know. (　　　) the oven.
Wife: Thanks.

1 I'll sell　**2** I'll go and check
3 I'll clean　**4** I'll choose and buy

(18) ***Girl:*** It's really hot today. (　　　)
Boy: Great idea. Let's go to the pool by the bus station.

1 Why did you get me a ticket?
2 Why did you buy another swimsuit?
3 Why don't we go swimming?
4 Why don't we stay home?

(19) ***Boy:*** Have you lost something?
Girl: Yes, my bicycle key. (　　　) but I can't find it.

1 I've looked everywhere for it,
2 It's right in front of you,
3 Your bike is really nice,
4 You should ride it more carefully,

(20) ***Daughter:*** Is there any butter in the fridge?
Father: A little. (　　　)
Daughter: About 100 grams.

1 How much do you need?　**2** What kind do you like?
3 How long will it take?　**4** What time did you start?

（筆記試験の問題は次のページに続きます。）

3[A] 次の掲示の内容に関して，(21) と (22) の質問に対する答えとして最も適切なものを 1, 2, 3, 4 の中から一つ選び，その番号のマーク欄をぬりつぶしなさい。

Parade for the Sharks

Springfield's women's soccer team, the Springfield City Sharks, won the final of the national tournament last week. To celebrate, there will be a parade on June 12. Put on your Sharks T-shirts and come and see your favorite players!

When: June 12 from 2 p.m. to 4 p.m.
Where: It will start inside Springfield Stadium and end in the gardens in front of Springfield Museum.

The players will give hundreds of blue and white Sharks towels to fans during the parade. If you're lucky, you'll be able to get one! There will also be speeches from the coach and some of the players.

(21) Where will the parade finish?

1 In front of a museum.
2 Inside a stadium.
3 Beside a sports store.
4 At Springfield City Hall.

(22) What will some people be able to receive at the parade?

1 Soccer balls.
2 Tickets to a soccer match.
3 Sharks towels.
4 Blue and white T-shirts.

3[B] 次のEメールの内容に関して，(23) から (25) までの質問に対する答えとして最も適切なもの，または文を完成させるのに最も適切なものを 1, 2, 3, 4 の中から一つ選び，その番号のマーク欄をぬりつぶしなさい。

From: Gina Matthews
To: Kara Johnson
Date: January 12
Subject: Ski trip

Hi Kara!
Did you go to the meeting about the school ski trip this afternoon? I forgot about it and went to the library to study for tomorrow's social studies test. Did Ms. Morrison say anything important at the meeting? I'm really looking forward to the ski trip this year. I couldn't go last year because I was sick.
Thanks,
Gina

From: Kara Johnson
To: Gina Matthews
Date: January 12
Subject: The meeting

Hi Gina,
Don't worry about missing the meeting. It was really short. The first thing Ms. Morrison talked about was the bus schedule. One small change was made. It'll now leave from our school at four o'clock on Friday afternoon, not 3:30. We'll arrive at the hotel at around 7 p.m. The return time on Sunday hasn't changed. We'll get back to our school at 5:30. Also, you need to give the money for the trip to Ms. Morrison by January 17. This trip is going to be really fun. Let's sit together on the bus!
See you tomorrow,
Kara

From: Gina Matthews
To: Kara Johnson
Date: January 12
Subject: Thanks!

Hi Kara,
Thanks for the information about the meeting. I paid for the trip last Monday. Also, I have some good news. My dad is going to buy me a new ski jacket before the trip! I'm going to choose one after school tomorrow. I really like your pink jacket, so I want to get the same color. And yes, let's sit together on the bus. I'm going to take a joke book with me, so let's read that together on the way.
Thanks again,
Gina

(23) What happened to Gina today?

1 She had to take a test.
2 She forgot about a meeting.
3 She became sick at the library.
4 She lost the money for the trip.

(24) What time will the bus leave the school on Friday?

1 At 3:30.
2 At 4:00.
3 At 5:30.
4 At 7:00.

(25) Gina wants to

1 get a pink ski jacket.
2 buy some new skis.
3 borrow Kara's joke book.
4 pay for the trip on Monday.

3[C] 次の英文の内容に関して，(26) から (30) までの質問に対する答えとして最も適切なもの，または文を完成させるのに最も適切なものを 1, 2, 3, 4 の中から一つ選び，その番号のマーク欄をぬりつぶしなさい。

The Bluenose

Around the world, many people love to ride on boats in summer. There are many different kinds of boats. For example, sailboats use the power of the wind to move over the water, and they are very popular. One of the most famous sailboats in history was called the Bluenose.

The first Bluenose was built in 1921 in Nova Scotia, Canada. It was used for both fishing and racing. In October 1921, the Bluenose took part in a famous boat race and won first prize. From then, the Bluenose became well known. It also won the same race in 1922 and 1923. During the 1920s, it was the fastest sailboat in the North Atlantic Ocean, so people called it the "Queen of the North Atlantic."

The Bluenose used the power of the wind, but it was not as fast as newer boats with engines.* People liked boats with engines because they were powerful and easy to use. These boats became very popular in the 1930s, so the captain and owner of the Bluenose sold it in 1942.

Sadly, after the Bluenose was sold, it hit a coral reef* in the ocean and sank. However, many Canadians still remembered it. They loved the story about the Bluenose, so a company decided to build a new Bluenose in 1963. It was given to the people of Nova Scotia in 1971, and people can still see and ride on it today. There is even a picture of the Bluenose on a Canadian coin. The Bluenose will never be forgotten.

*engine：エンジン
*coral reef：サンゴ礁

(26) The first Bluenose was made in

1 1920.
2 1921.
3 1922.
4 1923.

(27) Why was the Bluenose called the "Queen of the North Atlantic"?

1 It was given to a queen.
2 It was used to catch many fish.
3 It was very beautiful.
4 It was very fast.

(28) Why was the first Bluenose sold in 1942?

1 The owner of the boat got sick.
2 It hit a coral reef and needed to be fixed.
3 A new Bluenose was built.
4 Newer boats with engines became popular.

(29) What happened in 1971?

1 A picture of the first Bluenose was made by a famous artist.
2 A movie was made about the history of Nova Scotia.
3 A new Bluenose was given to the people of Nova Scotia.
4 A special coin was given to the captain of the first Bluenose.

(30) What is this story about?

1 Sailboats from around the world.
2 Races for sailboats.
3 A famous Canadian sailboat.
4 A company that makes sailboats.

4

ライティング

- あなたは，外国人の友達から以下のQUESTIONをされました。
- QUESTIONについて，あなたの考えとその理由を2つ英文で書きなさい。
- 語数の目安は25語～35語です。
- 解答は，解答用紙のB面にあるライティング解答欄に書きなさい。なお，解答欄の外に書かれたものは採点されません。
- 解答がQUESTIONに対応していないと判断された場合は，0点と採点されることがあります。QUESTIONをよく読んでから答えてください。

QUESTION

Do you like cooking for your family?

一次試験

リスニング

３級リスニングテストについて

1 このテストには，第 1 部から第 3 部まであります。
☆英文は第 1 部では一度だけ，第 2 部と第 3 部では二度，放送されます。
第 1 部：イラストを参考にしながら対話と応答を聞き，最も適切な応答を 1, 2, 3 の中から一つ選びなさい。
第 2 部：対話と質問を聞き，その答えとして最も適切なものを 1, 2, 3, 4 の中から一つ選びなさい。
第 3 部：英文と質問を聞き，その答えとして最も適切なものを 1, 2, 3, 4 の中から一つ選びなさい。

2 No. 30 のあと，10 秒すると試験終了の合図がありますので，筆記用具を置いてください。

第 1 部

▶MP3 ▶アプリ ▶CD 1 1～11

〔例題〕

No. 1

No. 2

No. 3

No. 4

No. 5

No. 6

No. 7

No. 8

No. 9

No. 10

第2部　◀)) ▶MP3 ▶アプリ ▶CD 1 12～22

No. 11

1 She's a nurse.
2 She's a doctor.
3 She's a science teacher.
4 She's a college student.

No. 12

1 The boy.
2 The girl.
3 The boy's father.
4 The girl's father.

No. 13

1 At 1:00.
2 At 2:00.
3 At 3:00.
4 At 4:00.

No. 14

1 Make dinner.
2 Get some meat.
3 Buy some carrots.
4 Wash the vegetables.

No. 15

1 Pam's favorite shop.
2 Pam's favorite animal.
3 Pam's clothes.
4 Pam's weekend plans.

No. 16

1 Buy a computer.
2 Buy some tickets.
3 Go to a fashion show.
4 Go to the town hall.

No. 17

1 By bus.
2 By car.
3 By bike.
4 On foot.

No. 18

1 Her school.
2 Her house.
3 Her father's office.
4 Her friend's house.

No. 19

1 Buy a blue shirt.
2 Exchange his shirt.
3 Get his money back.
4 Find another store.

No. 20

1 He has to go to rugby practice.
2 He will watch a rugby game.
3 He has to study at home.
4 He will get ready for a vacation.

第3部 (だい ぶ)

▶MP3 ▶アプリ ▶CD1 23～33

No. 21

1 She likes cooking.
2 She likes working hard.
3 She can eat a lot of food.
4 She can meet many people.

No. 22

1 Henry's.
2 Mark's.
3 Janet's.
4 Lisa's.

No. 23

1 She bought the wrong CD.
2 She left her CD on the train.
3 Her friend was not at home.
4 Her room is not clean.

No. 24

1 On Tuesday.
2 On Wednesday.
3 On Thursday.
4 On Friday.

No. 25

1 Go for a run.
2 Call her father.
3 Write to her friend.
4 Clean her room.

No. 26

1 At a school.
2 At a stadium.
3 In a sports store.
4 In a restaurant.

No. 27

1 Her new hiking boots.
2 Her favorite day of the week.
3 Her plans for the weekend.
4 Her friend's dance club.

No. 28

1 Buying a new house.
2 Having lunch with her brother.
3 Eating at her favorite restaurant.
4 Living by herself.

No. 29

1 Two months old.
2 Six months old.
3 Two years old.
4 Three years old.

No. 30

1 A restaurant closed.
2 A new store opened.
3 The man took a cooking class.
4 The man went to Spain.

面 接

問題カード（A 日程）

▶MP3 ▶アプリ ▶CD 1 34～38

Badminton

Playing badminton is a popular activity in Japan. Some students join badminton teams at school, and many people play badminton in local gyms on weekends. Some players hope to take part in the Olympics someday.

Questions

No. 1 Please look at the passage. Where do many people play badminton on weekends?

No. 2 Please look at the picture. How many bottles are there on the table?

No. 3 Please look at the boy wearing glasses. What is he going to do?

Now, Mr. / Ms. ——, please turn the card over.

No. 4 Where do you like to go in your free time?

No. 5 Have you ever been camping?

Yes. → Please tell me more.

No. → What are you going to do next weekend?

問題カード（B日程）　▶MP3 ▶アプリ ▶CD1 39～42

Spaghetti

Spaghetti is eaten by people all over the world. It is often eaten with a sauce made from tomatoes. Spaghetti is delicious and easy to cook, so it is a popular dish with many families.

Questions

No. 1 Please look at the passage. Why is spaghetti a popular dish with many families?

No. 2 Please look at the picture. Where is the newspaper?

No. 3 Please look at the woman. What is she doing?

Now, Mr. / Ms. ——, please turn the card over.

No. 4 What do you do to relax?

No. 5 Are you a student?

Yes. → What school subject is the most difficult for you?

No. → What do you like to have for breakfast?

2019-2

一次試験 2019.10. 6 実施
二次試験 A日程 2019.11. 3 実施
B日程 2019.11.10実施

Grade 3

試験時間
筆記：50分
リスニング：約25分

＊解答・解説は別冊p.39～74にあります。
＊面接の流れは本書p.21にあります。

2019年度第2回

Web特典「自動採点サービス」対応
オンラインマークシート

※検定の回によってQRコードが違います。
※筆記1～3，リスニングの採点ができます。
※ PC からも利用できます（本書 p.8 参照）。

一次試験

筆　記

1 次の (1) から (15) までの (　　) に入れるのに最も適切なものを 1, 2, 3, 4 の中から一つ選び，その番号のマーク欄をぬりつぶしなさい。

(1) *A:* It's too cold to go swimming.
B: I know. Let's stay home and watch TV (　　).
1 either　**2** almost　**3** instead　**4** before

(2) Can you tell me the (　　) of this French word? I don't understand it.
1 dictionary　**2** size　**3** meaning　**4** reason

(3) *A:* Excuse me. I want to try on this coat. Where's the (　　) room?
B: It's over there, sir.
1 putting　**2** picking　**3** hitting　**4** fitting

(4) It was a quiet and (　　) night, so I slept very well.
1 close　**2** angry　**3** peaceful　**4** difficult

(5) *A:* Mom, I want to take a shower. Are there any clean (　　)?
B: Yes, Bobby. There are some in the bathroom.
1 maps　**2** floors　**3** handles　**4** towels

(6) *A:* Are you looking for something, Jun?
B: Yes, my bicycle (　　). I've looked in all my pockets and my bag.
1 type　**2** line　**3** job　**4** key

(7) *A:* Jack. Clean your shoes before you go to school. They're (　　).
B: All right, Mom. I'll do it.
1 dirty　**2** sick　**3** thirsty　**4** round

(8) Tom's parents were very proud (　　) him when he passed his exam.

1 by　**2** of　**3** on　**4** from

(9) My new telephone is just the (　　) as my brother's.

1 different　**2** same　**3** true　**4** more

(10) Michael is (　　) in computers, but he doesn't have one.

1 excited　**2** interested　**3** difficult　**4** free

(11) ***A:*** Where did your parents first meet (　　) other?

B: They met in junior high school.

1 each　**2** so　**3** every　**4** many

(12) My father broke his (　　). He couldn't take us to the beach on Saturday because he had to work.

1 pollution　**2** promise　**3** problem　**4** purpose

(13) John went to school early today (　　) volleyball.

1 to practice　**2** practiced　**3** practice　**4** practices

(14) ***A:*** Do you know (　　) made this pumpkin pie? It's delicious!

B: Patty did. She's a great cook.

1 when　**2** who　**3** what　**4** how

(15) ***A:*** Fumiko, your brother goes to university, (　　) he?

B: Yes, he's graduating this year.

1 wasn't　**2** doesn't　**3** won't　**4** can't

2

次の (16) から (20) までの会話について，(　　) に入れるのに最も適切なものを 1, 2, 3, 4 の中から一つ選び，その番号のマーク欄をぬりつぶしなさい。

(16) *Salesclerk:* Good afternoon, sir. Can I help you?
Customer: No, thanks. I'm just looking.
Salesclerk: All right. Please tell me (　　)

1 if I have one. **2** when it will arrive.
3 if you need me. **4** when you can come.

(17) *Man:* Why don't we go out to dinner tonight?
Woman: OK. (　　)
Man: Sounds good.

1 What about Italian food? **2** Let's eat at home.
3 Can you pass the salt? **4** I'll clean the table.

(18) *Husband:* Do you like any of the raincoats in this shop?
Wife: (　　) I think I'll buy it.

1 It rains a lot during winter.
2 It was a gift from my sister.
3 The red one by the entrance is nice.
4 The sale finished last weekend.

(19) *Girl 1:* I didn't know you had a violin. (　　)
Girl 2: Only once or twice a month.

1 When did you get it? **2** How often do you play it?
3 Was it a present? **4** Is it an expensive one?

(20) *Boy:* Hurry up, Christine. We need to go to English class.
Girl: (　　) I have to get my dictionary from my locker.

1 Three lessons a week. **2** Just a little.
3 I know the answer. **4** Wait a minute.

（筆記試験の問題は次のページに続きます。）

3[A] 次のお知らせの内容に関して，(21) と (22) の質問に対する答えとして最も適切なもの，または文を完成させるのに最も適切なものを 1, 2, 3, 4 の中から一つ選び，その番号のマーク欄をぬりつぶしなさい。

Notice to Parents

The 8th grade students are going to grow some vegetables at school for their science class. Some students will come to school on May 28 to get the garden ready, and we're looking for five parents to come and help them.

Date: Saturday, May 28
Time: 10 a.m. to 3 p.m.
Where: Meet beside the school pool
What to bring: Something to eat and drink

You need to be strong because there will be many heavy things to carry.

If you can help, please call Mr. Clark, the science teacher, at 344-2323 by May 24.

(21) On May 28, the parents should meet

1 at the supermarket.
2 outside Mr. Clark's classroom.
3 next to the school pool.
4 in the science room.

(22) What will the parents have to do at the school?

1 Teach a science class.
2 Make drinks for the students.
3 Sell vegetables.
4 Carry heavy things.

3[B]

次のEメールの内容に関して，(23) から (25) までの質問に対する答えとして最も適切なものを 1, 2, 3, 4 の中から一つ選び，その番号のマーク欄をぬりつぶしなさい。

From: Amanda Jarvis
To: George Wilson, Donna Thompson
Date: February 10
Subject: Mr. Ward

Hi George and Donna,
I still can't believe Mr. Ward is leaving our school. He's such a good teacher! I talked to him this afternoon, and he said his wife found a new job at a university in Boston. He said they were going to move there soon. I'm really sad about it, but I hope he enjoys living in Boston. I think his daughter will have a lot of fun there. Donna, at lunchtime today, you said we should buy Mr. Ward a present. I think that's a great idea.
See you soon,
Amanda

From: George Wilson
To: Amanda Jarvis, Donna Thompson
Date: February 11
Subject: Good idea

Hello,
I think getting a present is a good idea, too. Mr. Ward has always been kind to us, so we should give him something nice. I know he likes all sports, but I heard that he loves soccer the best. He enjoys reading, too, so how about a book about soccer? Also, we should ask everyone in our class to help. If everyone gives a little money, we'll be able to get him something really special.
George

From: Donna Thompson
To: George Wilson, Amanda Jarvis
Date: February 11
Subject: Gift

Hi George and Amanda,
I agree with George. Let's ask our classmates to help. If everyone gives $5, we'll have $100. Then, we can buy him something better than a book. His favorite soccer team is the Panthers, right? I saw a really cool Panthers clock on the Internet the other day. It was about $100. If we can collect enough money, I think we should buy him that. What do you think?
See you on Monday,
Donna

(23) Why is Mr. Ward going to move?

1 He will stop teaching.
2 He wants to go back to university.
3 His daughter lives in Boston.
4 His wife got a new job.

(24) What did George hear about Mr. Ward?

1 His favorite sport is soccer.
2 He has a lot of nice things.
3 His classes are really boring.
4 He wrote a book about soccer.

(25) What does Donna want to give Mr. Ward?

1 Some money.
2 A clock.
3 A soccer ball.
4 A book.

3[C] 次の英文の内容に関して，**(26)** から **(30)** までの質問に対する答えとして最も適切なもの，または文を完成させるのに最も適切なものを **1, 2, 3, 4** の中から一つ選び，その番号のマーク欄をぬりつぶしなさい。

Grand Central Terminal

One of New York City's most famous symbols is Grand Central Terminal. This is the city's main train station. About 750,000 people walk through it every day.

When the station was first built in 1871 by a man named Cornelius Vanderbilt, it was called Grand Central Depot. In 1901, a larger building was built and named Grand Central Station. However, that building was closed because of a big train accident in 1902. In 1913, a new and even bigger station was opened, and it was given the name Grand Central Terminal. This is the one that people can still see today.

Grand Central Terminal has 44 platforms.* That is more than any other train station in the world. It also has 67 train tracks.* The main hall is called the Main Concourse, and it is very big. The windows are about 23 meters high. The Main Concourse has many interesting things to look at. In the middle, there is a famous clock made of opal. Opal is a very expensive stone, so it cost millions of dollars. Many people meet their friends by the clock.

On the ceiling* of the Main Concourse, there is a picture of the night sky with 2,500 bright stars. This ceiling was made in 1912, but it was covered in 1944 because it was old and rainwater was coming into the building. From 1996 to 1998, the ceiling was cleaned and fixed. Now, it is one of the most beautiful parts of the building.

*platform：(駅の) ホーム
*track：線路
*ceiling：天井

(26) In 1871, the name of New York City's main train station was

1 Grand Central Terminal.
2 Grand Central Station.
3 Grand Central Depot.
4 the Main Concourse.

(27) What happened in 1902?

1 Grand Central Depot was built.
2 There was a bad accident at Grand Central Station.
3 A new Grand Central Terminal was opened.
4 A man named Cornelius Vanderbilt was born.

(28) Why did the clock cost millions of dollars?

1 It has many stars with bright lights in it.
2 It has a picture of famous people on it.
3 It is made of an expensive stone.
4 It is 23 meters high.

(29) What was cleaned and fixed in the Main Concourse?

1 The ceiling.
2 The platforms.
3 The clock.
4 The windows.

(30) What is this story about?

1 Traveling around the United States by train.
2 The life of Cornelius Vanderbilt.
3 A new art museum in New York City.
4 A famous place in New York City.

4

ライティング

- あなたは，外国人の友達から以下のQUESTIONをされました。
- QUESTIONについて，あなたの考えとその理由を2つ英文で書きなさい。
- 語数の目安は25語～35語です。
- 解答は，解答用紙のB面にあるライティング解答欄に書きなさい。なお，解答欄の外に書かれたものは採点されません。
- 解答がQUESTIONに対応していないと判断された場合は，0点と採点されることがあります。QUESTIONをよく読んでから答えてください。

QUESTION

Which do you eat more often, rice or bread?

リスニング

3級リスニングテストについて

1 このテストには，第1部から第3部まであります。
☆英文は第1部では一度だけ，第2部と第3部では二度，放送されます。
第1部：イラストを参考にしながら対話と応答を聞き，最も適切な応答を 1, 2, 3 の中から一つ選びなさい。
第2部：対話と質問を聞き，その答えとして最も適切なものを 1, 2, 3, 4 の中から一つ選びなさい。
第3部：英文と質問を聞き，その答えとして最も適切なものを 1, 2, 3, 4 の中から一つ選びなさい。

2 No. 30 のあと，10 秒すると試験終了の合図がありますので，筆記用具を置いてください。

第1部

▶MP3 ▶アプリ ▶CD 1 43～53

〔例題〕

No. 1

No. 2

No. 3

No. 4

No. 5

No. 6

No. 7

No. 8

No. 9

No. 10

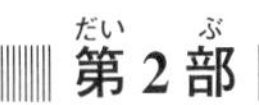

第2部 ▶MP3 ▶アプリ ▶CD1 54〜64

No. 11

1 At 12:15 p.m.
2 At 12:50 p.m.
3 At 1:00 p.m.
4 At 1:45 p.m.

No. 12

1 Play tennis with Meg.
2 Watch tennis on TV.
3 Go shopping with Meg.
4 Buy a new tennis racket.

No. 13

1 It was too expensive.
2 He was far from the mountains.
3 He had a bad headache.
4 There wasn’t enough snow.

No. 14

1 Play with a friend.
2 Visit a zoo.
3 Go to his grandfather’s house.
4 Go on a trip with his friends.

No. 15

1 Eat breakfast.
2 Get her books.
3 Brush her teeth.
4 Wash her face.

No. 16

1 One dollar.
2 Four dollars.
3 Ten dollars.
4 Fifteen dollars.

No. 17

1 The girl.
2 The girl's brother.
3 The girl's mother.
4 The girl's grandmother.

No. 18

1 In a library.
2 In a convenience store.
3 In a post office.
4 In a bank.

No. 19

1 Pick up Sam.
2 Clean the house.
3 Buy dinner.
4 Call her friend.

No. 20

1 Her passport.
2 Her ticket.
3 Her watch.
4 Her car keys.

No. 21

1 Going fishing.
2 Buying lunch.
3 His father's job.
4 His favorite fish.

No. 22

1 For one week.
2 For three weeks.
3 For one year.
4 For three years.

No. 23

1 His friend.
2 His friend's parents.
3 His father.
4 His grandfather.

No. 24

1 In Australia.
2 In Canada.
3 In Europe.
4 In Asia.

No. 25

1 He is a carpenter.
2 He is an actor.
3 He is a cook.
4 He is a teacher.

No. 26

1 15.
2 50.
3 85.
4 100.

No. 27

1 To buy a book.
2 To ask about a job.
3 To look for a magazine.
4 To meet a writer.

No. 28

1 Tom saw a snake.
2 Tom watched a scary movie.
3 Tom cleaned his house.
4 Tom got lost in the forest.

No. 29

1 At 1:00.
2 At 5:30.
3 At 6:00.
4 At 6:30.

No. 30

1 She took some art classes.
2 She visited France.
3 She met her husband's family.
4 She studied Italian.

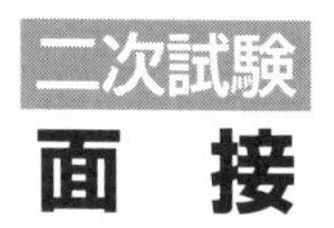

問題カード（A 日程） ▶MP3 ▶アプリ ▶CD 1 76～80

International Supermarkets

There are many international supermarkets in Japan. International supermarkets sell interesting food from different countries, so they are popular with many people. The food at these stores is sometimes expensive.

Questions

No. 1 Please look at the passage. Why are international supermarkets popular with many people?

No. 2 Please look at the picture. Where are the cups?

No. 3 Please look at the man wearing a hat. What is he doing?

Now, Mr. / Ms. ——, please turn the card over.

No. 4 What are you planning to do this evening?

No. 5 Do you have any pets?

Yes. → Please tell me more.

No. → What kind of pet would you like to have?

Concerts

Watching famous singers or bands on stage is exciting. Many people enjoy going to concerts with their friends, but some people like watching concerts alone. Music festivals are often held outside in summer.

Questions

No. 1 Please look at the passage. What do some people like doing?

No. 2 Please look at the picture. What does the man have in his hands?

No. 3 Please look at the woman with long hair. What is she doing?

Now, Mr. / Ms. ——, please turn the card over.

No. 4 How many hours do you sleep every night?

No. 5 Do you enjoy watching TV?

Yes. → Please tell me more.

No. → What do you like to do after dinner?

Grade 3

2019-1

一次試験 2019.6.2実施(じっし)
二次試験 A日程(にってい) 2019.6.30実施(じっし)
B日程(にってい) 2019.7.7実施(じっし)

試験時間

筆記：50分
リスニング：約25分

＊解答(かいとう)・解説(かいせつ)は別冊(べっさつ)p.75〜110にあります。
＊面接(めんせつ)の流れは本書p.21にあります。

2019年度第1回

Web特典「自動採点(さいてん)サービス」対応(おう)
オンラインマークシート

※検定(けんてい)の回によってQRコードが違(ちが)います。
※筆記1〜3，リスニングの採点(さいてん)ができます。
※PCからも利用できます（本書p.8参照）。

一次試験

筆　記

1　次の (1) から (15) までの (　　) に入れるのに最も適切なものを 1, 2, 3, 4 の中から一つ選び，その番号のマーク欄をぬりつぶしなさい。

(1) *A:* Do you like to go fishing?
B: No, I think fishing is (　　　).
1 boring　**2** exciting　**3** enjoyable　**4** glad

(2) Andy lives on the sixth floor of a big building. His friend David lives in the apartment (　　　) on the fifth floor.
1 back　**2** below　**3** before　**4** later

(3) *A:* How many pens are in this box?
B: I don't know. Let's (　　　) them and find out.
1 invite　**2** break　**3** turn　**4** count

(4) *A:* You have a beautiful home, Clara.
B: Thank you. My father (　　　) it.
1 designed　**2** brought　**3** shared　**4** wrote

(5) The football game begins at 7:00, so let's (　　　) outside the station at 6:15.
1 meet　**2** make　**3** come　**4** show

(6) When you speak in front of many people, you must speak in a (　　　) voice.
1 tall　**2** long　**3** loud　**4** wide

(7) If you win the art contest, you will (　　　) a prize.
1 invite　**2** guess　**3** receive　**4** serve

(8) *A:* I got two tickets for the baseball game. (　　　) don't you come with me?
B: Sounds great. I really want to go.
1 How　**2** Why　**3** What　**4** When

(9) I usually get up at seven o'clock and go to bed (　　　) nine and ten.
1 before　**2** on　**3** still　**4** between

(10) Nancy wants to save money, so she will not go (　　　) to eat this week.
1 near　**2** out　**3** by　**4** down

(11) We (　　　) a lot of fun when my parents took us camping last weekend.
1 had　**2** did　**3** played　**4** got

(12) At my school, people must (　　　) off their shoes when they go into the school building.
1 have　**2** make　**3** take　**4** bring

(13) My brother is a musician. He is going to teach me (　　　) to play the guitar.
1 how　**2** who　**3** that　**4** what

(14) If Frank (　　　) his knee in today's practice, he won't be able to play in the soccer tournament on the weekend.
1 injure　**2** injures　**3** injuring　**4** to injure

(15) *A:* Look at the monkey (　　　) a banana over there.
B: Oh, it's really cute.
1 to eat　**2** ate　**3** eating　**4** eats

2 次の (16) から (20) までの会話について，(　　) に入れるのに最も適切なものを 1, 2, 3, 4 の中から一つ選び，その番号のマーク欄をぬりつぶしなさい。

(16) ***Daughter:*** I hope I do well on my final exam today.
Mother: (　　) You studied hard, so you'll do well.

1 Don't worry.
2 I don't have a dictionary.
3 That's your teacher.
4 All weekend.

(17) ***Woman:*** I went to a restaurant called Mama Dell's last night. (　　)
Man: Yes. My friend said it's delicious.

1 Have you heard of it?
2 Are you finished?
3 May I come in?
4 What did you buy?

(18) ***Father:*** How are you feeling today, Paul?
Son: (　　) I still have a fever.

1 After I have breakfast.
2 Not at the moment.
3 Not so good.
4 If I have time.

(19) ***Daughter:*** Can you take me to the park, Mom?
Mother: (　　) Let's watch a movie instead.

1 I don't know that actor.
2 Come back before dinner.
3 I've seen it before.
4 It's too cold to play outside.

(20) ***Man:*** Aren't you going to Australia soon?
Woman: Yeah. (　　) so I have to get ready this weekend.

1 It was a wonderful trip,
2 I'm leaving on Monday morning,
3 I was born in Sydney,
4 I'll bring you back a present,

(筆記試験の問題は次のページに続きます。)

3[A] 次の掲示の内容に関して，(21) と (22) の質問に対する答えとして最も適切なものを 1, 2, 3, 4 の中から一つ選び，その番号のマーク欄をぬりつぶしなさい。

Japanese Movie Festival

Come to Suntown Theater and enjoy some amazing Japanese movies! There will be comedies, dramas, horror movies, and a lot more.

When: July 10 to July 20

Where: Suntown Theater, 21 Wilson Street

Ticket Prices: Adults - $15 Students & Children - $10

You'll be given a free bottle of Japanese green tea with each ticket.

On July 10, the festival will begin with a comedy called *Karaoke King*. The famous actor, Akira Sato, will come to the theater and talk about the movie before it starts. If you want to attend this event, buy a ticket soon!

Check our website for more information: www.suntowntheater.com

(21) What will people get when they buy a ticket?

1 A Japanese snack.
2 A *Karaoke King* DVD.
3 A bottle of tea.
4 A movie poster.

(22) What will happen on July 10?

1 Akira Sato will give a talk about *Karaoke King*.
2 The movie festival will finish.
3 There will be a karaoke contest at Suntown Theater.
4 Suntown Theater will be closed.

3[B]

次のEメールの内容に関して，(23) から (25) までの質問に対する答えとして最も適切なもの，または文を完成させるのに最も適切なものを 1, 2, 3, 4 の中から一つ選び，その番号のマーク欄をぬりつぶしなさい。

From: Mike Costello
To: Rose Costello
Date: June 25
Subject: New idea

Hi Grandma,
How are you? School finished last week, so I'm on summer vacation now. I play video games or go swimming at the pool every day. I asked Dad for some money to buy some new games, but he said no. He said I should find a part-time job. I'm 17 years old now, so I guess he's right. Anyway, I have an idea. I've decided to start my own business. I'm going to wash people's cars. I'll visit their houses and wash each car for $10. I've already asked some of Mom and Dad's friends, and they said they're interested. How about you, Grandma? Would you like me to wash your car sometime?
Love,
Mike

From: Rose Costello
To: Mike Costello
Date: June 25
Subject: This Saturday

Hello Mike,
Thank you for your e-mail. I'm glad to hear you're enjoying your summer vacation. Your mother called yesterday. She said she's worried because you didn't do well on your last math test. I'm sure you'll do better next time. That's a great idea for a business. Could you come and wash my car for me? Your grandfather usually does it, but he's getting old. It's very hard for him to do it these days. You can come and wash it once a month. Could you

come this Saturday at noon? I'll pay you, of course, but I'd also like to make you something to eat for lunch. How about tuna and cheese sandwiches? Please call me by Friday night and let me know.
Love,
Grandma

(23) What was Mike's problem at first?

1 His father didn't give him money.
2 He was too busy to find a new job.
3 He didn't like his job at the pool.
4 He couldn't swim well.

(24) What did Mike's mother say about Mike?

1 He doesn't want to work for a famous car company.
2 His favorite subject at school is math.
3 He wants to go to a driving school this summer.
4 He didn't get a good score on his math test.

(25) This Saturday, Mike's grandmother wants Mike to

1 wash her car.
2 make sandwiches.
3 call his grandfather.
4 drive her to the store.

3[C] 次の英文の内容に関して，**(26)** から **(30)** までの質問に対する答えとして最も適切なもの，または文を完成させるのに最も適切なものを **1, 2, 3, 4** の中から一つ選び，その番号のマーク欄をぬりつぶしなさい。

Maurice Richard

In Canada, more children play soccer than any other sport, but ice hockey is also popular. Many children dream of becoming professional ice hockey players. For them, ice hockey players are special. One famous Canadian ice hockey player is Maurice Richard.

Maurice was born in 1921 in Montreal, Canada. When he was growing up, he enjoyed ice-skating, baseball, and boxing, but he loved ice hockey the most. When he was 14, he started playing ice hockey at school with his friends. He left school and got a job with his father when he was 16. Then, when he was 18, he joined an amateur* ice hockey team.

When Maurice was 21, he started playing for a professional ice hockey team called the Montreal Canadiens. Maurice soon became an important player on his team, and he was the first player to get 50 goals in one season. He was strong and skated very fast, so people started calling him "The Rocket." When he played, his team won many games. He helped the Montreal Canadiens to win the Stanley Cup* eight times. Maurice stopped playing ice hockey in 1960. He was a professional ice hockey player for 18 years.

When Maurice died in 2000, many Canadians were sad. People loved him because he was one of the greatest ice hockey players in history. He is still remembered because there is an award called the Maurice "Rocket" Richard Trophy. Every year, it is given to the player who gets the most goals in one season.

*amateur：アマチュア
*Stanley Cup：北米プロアイスホッケー優勝決定戦

(26) Which sport is played by the most children in Canada?

1 Boxing.
2 Soccer.
3 Baseball.
4 Ice hockey.

(27) What did Maurice Richard do when he was 16 years old?

1 He started playing ice hockey.
2 He joined a boxing club with his friends.
3 He started working with his father.
4 He joined an amateur ice hockey team.

(28) Why was Maurice called "The Rocket"?

1 He was very good at boxing.
2 His teammates loved him.
3 He was a strong and fast skater.
4 He played for the Montreal Canadiens.

(29) Maurice is still remembered because there is

1 a special award with his name.
2 a professional ice hockey team with his name.
3 a Canadian city with his name.
4 a skating school with his name.

(30) What is this story about?

1 A way to become a professional ice hockey player.
2 A famous Canadian ice hockey player.
3 An amateur ice hockey team in Canada.
4 A new award for young ice hockey players.

4

ライティング

- あなたは，外国人の友達から以下のQUESTIONをされました。
- QUESTIONについて，あなたの考えとその理由を2つ英文で書きなさい。
- 語数の目安は25語～35語です。
- 解答は，解答用紙のB面にあるライティング解答欄に書きなさい。なお，解答欄の外に書かれたものは採点されません。
- 解答がQUESTIONに対応していないと判断された場合は，0点と採点されることがあります。QUESTIONをよく読んでから答えてください。

QUESTION
What day of the week do you like the best?

リスニング

3級リスニングテストについて

1　このテストには，第 1 部から第 3 部まであります。
☆英文は第 1 部では一度だけ，第 2 部と第 3 部では二度，放送されます。
第 1 部：イラストを参考にしながら対話と応答を聞き，最も適切な応答を 1, 2, 3 の中から一つ選びなさい。
第 2 部：対話と質問を聞き，その答えとして最も適切なものを 1, 2, 3, 4 の中から一つ選びなさい。
第 3 部：英文と質問を聞き，その答えとして最も適切なものを 1, 2, 3, 4 の中から一つ選びなさい。

2　No. 30 のあと，10 秒すると試験終了の合図がありますので，筆記用具を置いてください。

第 1 部

▶MP3 ▶アプリ ▶CD 2 1 ～ 11

〔例題〕

No. 1

No. 2

No. 3

No. 4

No. 5

No. 6

No. 7

No. 8

No. 9

No. 10

No. 11
1 At Jim's family's house.
2 At Jim's friend's house.
3 At a supermarket.
4 At a restaurant.

No. 12
1 Buy a cheesecake.
2 Make a cake herself.
3 Go to the store again.
4 Shop at a different store.

No. 13
1 Becky's father.
2 Becky's brother.
3 Jim's father.
4 Jim's brother.

No. 14
1 Take a train.
2 Go to a new bakery.
3 Make their lunch.
4 Visit their friend's house.

No. 15
1 Ken's new friend.
2 Ken's favorite band.
3 Ken's room.
4 Ken's weekend.

No. 16
1 The girl's team won its game.
2 The girl got a goal.
3 The boy went to a soccer game.
4 The coach was late.

No. 17

1 Yesterday morning.
2 Last night.
3 This morning.
4 At lunchtime.

No. 18

1 He can't see the stars tonight.
2 It will be cloudy tomorrow.
3 He can't find the newspaper.
4 His science homework is hard.

No. 19

1 Return the woman's money.
2 Get a new washing machine.
3 Buy a new house.
4 Visit the woman next month.

No. 20

1 Five kilometers.
2 Six kilometers.
3 Ten kilometers.
4 Thirty kilometers.

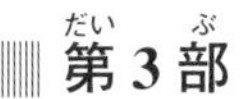

第3部 ▶MP3 ▶アプリ ▶CD 2 23～33

No. 21

1 On the train.
2 At the station.
3 By the tennis court.
4 At her house.

No. 22

1 Go on a trip.
2 Buy her a pet.
3 Take care of her dog.
4 Visit her grandparents.

No. 23

1 He went shopping.
2 He studied at home.
3 He helped his mother.
4 He worked at a restaurant.

No. 24

1 She couldn't find her brother.
2 She forgot her brother's birthday.
3 The bookstore wasn't open.
4 The book was too expensive.

No. 25

1 Visit his grandparents.
2 Go on a trip with his mother.
3 Teach English at a school.
4 Start learning Chinese.

No. 26

1 Some shoes.
2 A dress.
3 A wedding ring.
4 A hat.

No. 27

1 This morning.
2 On Friday evening.
3 On Saturday evening.
4 On Sunday morning.

No. 28

1 English.
2 Math.
3 Science.
4 Music.

No. 29

1 His sister's story was very good.
2 He met a famous writer.
3 His sister won a prize.
4 He found his library book.

No. 30

1 For fifteen minutes.
2 For thirty minutes.
3 For one hour.
4 For two hours.

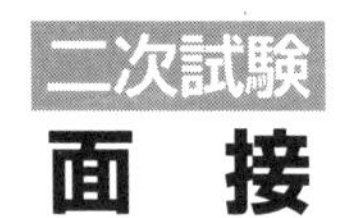

問題カード（A 日程）　▶MP3 ▶アプリ ▶CD 2 34～38

A Popular Japanese Food

Tofu is used in many delicious Japanese dishes. Some people like to put it in salad, soup, and even ice cream and cake. Tofu is healthy and cheap, so it is eaten by many people.

Questions

No. 1 Please look at the passage. Why is tofu eaten by many people?

No. 2 Please look at the picture. How many bottles of water is the woman holding?

No. 3 Please look at the man with glasses. What is he going to do?

Now, Mr. / Ms. ——, please turn the card over.

No. 4 What do you do to relax in your free time?

No. 5 Have you ever been to a zoo?

Yes. → Please tell me more.

No. → Where do you like to go on weekends?

Health Clubs

In Japan, there are lots of health clubs. Many people want to stay strong and healthy, so they become members of health clubs. Sometimes, people can make new friends there, too.

Questions

No. 1 Please look at the passage. Why do many people become members of health clubs?

No. 2 Please look at the picture. Where is the television?

No. 3 Please look at the woman. What is she going to do?

Now, Mr. / Ms. ——, please turn the card over.

No. 4 What kind of movies do you like to watch?

No. 5 Do you like to eat at restaurants?

Yes. → Please tell me more.

No. → Why not?

2020-2021年対応

文部科学省後援

英検® 3級 3回過去問集

別冊解答

旺文社

もくじ

Contents

2019-3

解答一覧

一次試験・筆記

1

(1)	2	(6)	2	(11)	2
(2)	4	(7)	2	(12)	1
(3)	2	(8)	3	(13)	3
(4)	4	(9)	4	(14)	2
(5)	4	(10)	3	(15)	2

2

(16)	2	(18)	3	(20)	1
(17)	2	(19)	1		

3 A

(21)	1
(22)	3

3 B

(23)	2
(24)	2
(25)	1

3 C

(26)	2	(28)	4	(30)	3
(27)	4	(29)	3		

4 解答例は本文参照

一次試験・リスニング

第1部

No. 1	1	No. 5	2	No. 9	2
No. 2	1	No. 6	1	No.10	3
No. 3	1	No. 7	3		
No. 4	2	No. 8	1		

第2部

No.11	4	No.15	3	No.19	1
No.12	4	No.16	2	No.20	1
No.13	1	No.17	3		
No.14	3	No.18	4		

第3部

No.21	4	No.25	4	No.29	4
No.22	4	No.26	1	No.30	1
No.23	2	No.27	3		
No.24	3	No.28	2		

一次試験・筆記 1 問題編 p.30～31

(1) 解答 2

訳 A「もう1試合テニスをしたい？」
B「ううん，やめよう。暗くなりすぎていてボールが見えないよ」

解説 too ～ to ... は「～すぎて…できない」という意味。see the ball「ボールを見る」ことができないのは It's getting too dark「暗くなりすぎている」から。free「暇な，無料の」，high「高い」，silent「音がしない，無言の」。

(2) 解答 4

訳 A「ぼくにこの単語を説明してくれる？ 理解できないんだ」
B「いいわよ。難しくないわ」

解説 A は I don't understand it (=this word).「それ（=この単語）が理解できない」ので，explain「～を説明する」ように頼んでいる。sell「～を売る」，save「～を救う」，excuse「～を許す」。

(3) 解答 2

訳 A「今，道を渡っちゃだめよ，フレッド。見て。信号が赤よ」
B「わかった，お母さん」

解説 the street とのつながりと The light is red. という状況から，Don't cross the street「道を渡ってはいけない」とする。start「～を始める」，finish「～を終える」，mean「～を意味する」。

(4) 解答 4

訳 A「今夜は夕食にピザを注文しましょう，フランク」
B「それはとてもいい考えだね，お母さん」

解説 空所後の a pizza「ピザ」と意味的につながる動詞は order「～を注文する」。pull「～を引く」，guess「～を推測する」，contact「～に連絡を取る」。

(5) 解答 4

訳 「パティーは決して使わない古いティーカップをたくさん集めている」

解説 空所後の of old teacups「古いティーカップの」とのつながりから，collection「収集物，コレクション」が正解。have [has] a large collection of ～で「～をたくさん集めている」という意味。space「空間」，planet「惑星」，habit「習慣」。

(6) 解答 2

訳 A「これらの花に水をあげるのを1週間忘れたから，枯れちゃったよ」
B「それは残念ね」

解説 forgot は forget の過去形で，forget to ～で「～し忘れる」。正解2の died は die の過去形で，ここでは「(花が) 枯れた」という意味。1，3，4はそれぞれ listen「聞く」，write「～を書く」，make「～を作る」の過去形。

(7) 解答 2

訳 「私はロンドンで育って，3年前に東京へ来た」

解説 空所後の up とつながるのは grow の過去形 grew で，grow up で「育つ，成長する」という意味。1，3，4はそれぞれ lose「～をなくす」，know「～を知っている」，become「～になる」の過去形。

(8) 解答 3

訳 A「自転車で学校に来るんですか，グラント先生？」
B「いいえ，ボブ。私は遠くに住んでいます。車で来ています」

解説 空所後の away に注目し，far away「遠くに」という表現にする。by bike は「自転車で」という意味。fast は「速く」，soon は「すぐに」，little は a little で「少し」。

(9) 解答 4

訳 「今朝，ケイコが目を覚ましたとき，とても遅かったので彼女は朝食を食べる時間がなかった」

解説 that she didn't have time for breakfast とのつながりから，so ～ that ...「とても～なので…」という表現にする。woke は wake の過去形で，wake up で「目を覚ます，起きる」という意味。any「何か」，too「あまりに～」，as「～として，～と同じくらい」。

(10) 解答 3

訳 A「もしもし。こちらはトムです。ルークと話したいのですが」
B「わかりました。切らずにお待ちください」

解説 電話での会話という状況と，空所後の on に注目する。Hold on(, please).「切らずにお待ちください」は，電話を取り次ぐときの表現。make「～を作る」，pull「～を引く」，decide「～を決める」。

(11) 解答 2

訳 A「シンディーは遅いね。打ち合わせを始めよう」
B「うん，ぼくは待つのに疲れたよ」

解説 シンディーが meeting「会議，打ち合わせ」に遅れている場面。空所後の of waiting とつながるのは tired で，be tired of ～ing で「～するのに疲れて[飽きて]いる」という意味。upset「動揺して」，silent「音がしない，無言の」，crowded「混雑して」。

(12) 解答 1

訳 A「沖縄へは仕事で行くの？」
B「ううん，休暇で行くわ」

解説 B は A の質問に No と答えているので，on vacation「休暇で」との対比から，on business「仕事で」という表現にする。company「会社」，office「事務所」，job「仕事」。

(13) 解答 3

訳 「私の学校には世界中から来た生徒がいる。そこではたくさんの言語が話されている」

解説 2 文目の主語は Many languages「たくさんの言語」なので，受動態（be 動詞＋動詞の過去分詞）を使って are spoken「話されている」とする。spoken は speak「～を話す」の過去分詞。

(14) 解答 2

訳 「もし明日雨が降れば，私は家にいて読書するつもりだ」

解説 動詞 rain「雨が降る」の形がポイント。if 節の主語が3人称単数の it なので，主語に合わせて rains とする。ここでの it は天候を表す文の主語として使われている。なお，if「もし～なら」の後の動詞は，未来の事柄であっても現在形で表す。

(15) 解答 2

訳 「東京は世界のほとんどの大都市より安全だと多くの人が思っている」

解説 空所後に than「～よりも」があり，Tokyo と most big cities in the world が比較されている文。よって，safe「安全な」の比較級 safer が正解。safest は最上級，safely は「安全に」という意味の副詞。

一次試験・筆記 2

問題編 p.32

(16) 解答 2

訳 母親「京都への修学旅行はどうだった？」
娘 「とても楽しかったわ。いつかまた行けるといいな」

解説 娘の school trip to Kyoto「京都への修学旅行」が話題。娘の I hope I can ～は「～できるといいな」，one day は「いつか」という意味。いつかまた行きたいという内容から，2の I had a great time.「とても楽しかった」が正解。

(17) 解答 2

訳 妻「チキンはもう食べられる状態かしら？」
夫「わからないな。オーブンを見に行ってくるよ」
妻「ありがとう」

解説 ready は「準備ができて」という意味で，妻は chicken「チキン，鶏肉」が食べられる状態になっているかどうかを尋ねている。夫の I don't know. と妻の Thanks. とのつながりから，2が正解。

go and check ～ は「～を見に[確認しに]行く」という意味。

(18) 解答 3

訳 女の子「今日は本当に暑いわね。泳ぎに行かない？」
男の子「すごくいい考えだね。バス停のそばのプールへ行こう」

解説 男の子の Let's go to the pool から，女の子の発話として適切なのは go swimming「泳ぎに行く」ことを提案している 3。Why don't we ～? は「(一緒に) ～しませんか，～しましょう」という意味で，提案したり誘ったりするときの表現。1 と 2 の Why did you ～?「なぜあなたは～したのか」と混同しないようにする。

(19) 解答 1

訳 男の子「何かなくしたの？」
女の子「うん，私の自転車のかぎ。それをあちこち探したんだけど，見つからないの」

解説 Have you lost something?「何かなくしたの？」の lost は，lose「～をなくす」の過去分詞。空所後の but I can't find it「でもそれ（＝自転車のかぎ）が見つからない」につながるのは 1 で，look everywhere for ～は「～をあちこち探す」という意味。

(20) 解答 1

訳 娘　「冷蔵庫にバターはある？」
父親「少しあるよ。どれくらいの量が必要なの？」
娘　「100 グラムくらい」

解説 Is there any butter in the fridge? から，娘は butter「バター」を必要としていることがわかる。最後の About 100 grams. に対応する質問は 1 で，How much ～?「どれくらい（の量）～」を使って必要なバターの量を尋ねている。

一次試験・筆記 3A 問題編 p.34～35

ポイント 全国大会で優勝した女子サッカーチームを祝うパレードの案内。パレードが行われる日時や場所に加えて，パレードで選手や監督が何をするかを理解しよう。

全訳

シャークスのパレード

スプリングフィールドの女子サッカーチーム，スプリングフィールドシティーシャークスが先週，全国大会の決勝で勝利を収めました。お祝いするために，6月12日にパレードが行われます。シャークスのTシャツを着て，お気に入りの選手に会いに来てください！

時： 6月12日午後2時から午後4時まで

場所： スプリングフィールドスタジアムの場内から出発して，スプリングフィールド博物館の前の公園で終わります。

パレードの間，選手たちは何百枚もの青と白のシャークスのタオルをファンに配ります。運がよければ，タオルをもらうことができます！　監督と何人かの選手のスピーチもあります。

語句

parade「パレード」，won<win「～で勝利する，勝つ」の過去形，final「決勝戦」，national tournament「全国大会」，celebrate「祝う」，put on ～「～を着る」，in front of ～「～の前で[の]」，hundreds of ～「何百もの～」，towel(s)「タオル」，fan(s)「ファン」，be able to ～「～することができる」，coach「監督」

(21) 解答 1

質問の訳　「パレードはどこで終わるか」

選択肢の訳
1　博物館の前で。
2　スタジアムの中で。
3　スポーツ店のそばで。
4　スプリングフィールド市役所で。

解説　掲示のWhere: の部分に，It will start … and end in the gardens in front of Springfield Museum. とパレードの出発点と終着点が書かれている。2のInside a stadium. はパレードが始まる場所なので不正解。

(22) 解答 3

質問の訳 「パレードで何を受け取ることができる人がいるか」

選択肢の訳 1 サッカーボール。 2 サッカーの試合のチケット。
3 シャークスのタオル。 4 青と白の T シャツ。

解 説 質問の receive「～を受け取る」は掲示では使われていないが，最後の段落の 2 文目に If you're lucky, you'll be able to get one! とある。one はその前の文の内容から，青と白のシャークスのタオルのことだとわかる。

一次試験・筆記 3B 問題編 p.36～37

ポイント 学校のスキー旅行に関するジーナとカラの E メールでのやり取り。ジーナがカラに E メールを出した理由，スキー旅行の打ち合わせで先生が話した内容，旅行に向けてジーナがすることなどを中心に読み取ろう。

全 訳 送信者：ジーナ・マシューズ
受信者：カラ・ジョンソン
日付：1 月 12 日
件名：スキー旅行
こんにちは，カラ！
今日の午後，学校のスキー旅行に関する打ち合わせに行った？ 私はそのことを忘れて，明日の社会のテスト勉強をするために図書館へ行っちゃったの。モリソン先生は打ち合わせで何か大切なことを言ってた？ 私は今年のスキー旅行をとても楽しみにしているわ。昨年私は具合が悪かったので行けなかったの。
ありがとう，
ジーナ

送信者：カラ・ジョンソン
受信者：ジーナ・マシューズ
日付：1 月 12 日
件名：打ち合わせ

ジーナへ,
打ち合わせを欠席したことは心配しないで。本当に短時間だったわ。モリソン先生が最初に話したのはバスの予定についてよ。1つ小さな変更があったわ。金曜日の午後3時30分ではなく，4時に学校から出発することになったの。ホテルには午後7時頃に着くわよ。日曜日に戻ってくる時間に変更はないわ。5時30分に学校へ戻ってくる予定よ。それと，旅行代金を1月17日までにモリソン先生へ渡す必要があるの。この旅行はとても楽しくなりそうね。バスで一緒に座ろうね！
それじゃ明日,
カラ

送信者：ジーナ・マシューズ
受信者：カラ・ジョンソン
日付：1月12日
件名：ありがとう！
カラへ,
打ち合わせに関する情報をありがとう。私は先週の月曜日に旅行代金を払ったわ。それと，よい知らせがあるの。お父さんが旅行の前に新しいスキージャケットを買ってくれるの！　明日の放課後に選びに行くわ。あなたのピンク色のジャケットがとても気に入っているので，私も同じ色のものを買いたいわ。あと，そうね，バスでは一緒に座りましょう。ジョーク集の本を持って行くので，道中でそれを一緒に読もうね。
重ねてありがとう,
ジーナ

語句　social studies「社会科」，look forward to ～「～することを楽しみに待つ」，worry about ～「～について心配する」，schedule「予定」，return time「帰着時間」，information「情報」，paid<pay「支払う」の過去形，choose「～を選ぶ」，joke「ジョーク，冗談」，on the way「道中で」

(23) 解答 2

質問の訳　「今日ジーナに何があったか」

選択肢の訳
1 彼女はテストを受けなければならなかった。
2 彼女は打ち合わせのことを忘れた。
3 彼女は図書館で具合が悪くなった。
4 彼女は旅行代金をなくした。

解説　ジーナが書いた最初のEメールの2文目に，I forgot about it and went to the library ... と書かれている。forgot は forget「忘れる」の過去形。it は1文目にある the meeting about the school ski trip「学校のスキー旅行に関する打ち合わせ」を指している。

(24) 解答 2

質問の訳　「バスは金曜日の何時に学校を出発するか」

選択肢の訳
1 3時30分に。　2 4時に。
3 5時30分に。　4 7時に。

解説　カラは2番目のEメールで，スキー旅行の予定変更について伝えている。その5文目に，It'll now leave from our school at four o'clock on Friday afternoon, not 3:30. とある。It は3文目にある the bus を指している。1 の 3:30 は変更前の出発時間。

(25) 解答 1

質問の訳　「ジーナがしたいと思っているのは」

選択肢の訳
1 ピンク色のスキージャケットを買う。
2 新しいスキー板を買う。
3 カラのジョーク集の本を借りる。
4 月曜日に旅行代金を払う。

解説　ジーナが書いた3番目のEメール6文目に，I really like your pink jacket, so I want to get the same color. とある。the same color「同じ色」とは，カラが持っているジャケットと同じ色の pink ski jacket「ピンク色のスキージャケット」ということ。

一次試験・筆記  問題編 p.38〜39

ポイント カナダで作られた歴史上最も有名な帆船の1つであるブルーノーズに関する4段落構成の英文。ブルーノーズのレースでの活躍，その後の人気の陰り，カナダ人のブルーノーズへの思いなどを，代名詞の指示内容に注意しながら理解しよう。

全訳

ブルーノーズ

世界中で，多くの人たちは夏に船に乗ることが大好きだ。船にはさまざまな種類がある。例えば，帆船は風力を使って水上で動き，とても人気がある。歴史上最も有名な帆船の**1**つは，ブルーノーズと呼ばれた。

最初のブルーノーズは，カナダのノバスコシアで**1921**年に作られた。それは漁とレースの両方に使われた。**1921**年**10**月に，ブルーノーズは有名な船のレースに参加して優勝した。そのときから，ブルーノーズは広く知られるようになった。**1922**年と**1923**年の同じレースでも優勝した。**1920**年代，それは北大西洋で最も速い帆船だったので，人々はそれを「北大西洋の女王」と呼んだ。

ブルーノーズは風力を使ったが，エンジンがついたより新しい船ほど速くはなかった。エンジンがついた船はパワーがあって使いやすかったので，人々はそれが気に入った。**1930**年代にこれらの船がとても人気になったので，ブルーノーズの船長兼所有者は**1942**年にそれを売却した。

不幸にも，ブルーノーズは売却された後に，海中のサンゴ礁にぶつかって沈没した。しかし，多くのカナダ人はそれでもブルーノーズのことを覚えていた。人々はブルーノーズに関する話が大好きだったので，ある会社が**1963**年に新しいブルーノーズを作ることにした。それは**1971**年にノバスコシアの人たちに贈られ，人々は今日でもそれを見たり，乗ったりすることができる。カナダの硬貨にまでブルーノーズの絵が描かれている。ブルーノーズは決して忘れられることはないだろう。

語句　for example「例えば」, sailboat(s)「帆船，ヨット」, in history「歴史上」, both ~ and ...「～と…の両方」, took<take「～を取る」の過去形, take part in ~「～に参加する」, won<win「～を獲得する，～に勝つ」の過去形, first prize「1位」, well known「広く知られる」, the North Atlantic (Ocean)「大西洋」, not as ~ as ...「…ほど～ではない」, newer<new「新しい」の比較級, powerful「力強い，パワーのある」, captain「船長」, owner「所有者」, sadly「不幸にも」, sank<sink「沈む，沈没する」の過去形, however「しかしながら」, company「会社」, coin「硬貨」, forgotten<forget「～を忘れる」の過去分詞

(26) 解答 2

質問の訳　「最初のブルーノーズが作られたのは」

選択肢の訳　1　1920年。　2　1921年。　3　1922年。　4　1923年。

解説　第2段落の1文目に，The first Bluenose was built in 1921 in Nova Scotia, Canada. と書かれている。built は build「～を作る」の過去分詞で，was built「作られた」が質問ではほぼ同じ意味の was made という表現になっている。

(27) 解答 4

質問の訳　「ブルーノーズはなぜ『北大西洋の女王』と呼ばれたか」

選択肢の訳
1　それはある女王に贈られた。
2　それはたくさんの魚を捕まえるために使われた。
3　それはとても美しかった。
4　それはとても速かった。

解説　第2段落の最後に，... it was the fastest sailboat in the North Atlantic Ocean, so people called it the "Queen of the North Atlantic." とある。この文は～, so ...「～，だから…」の形で，it was the fastest sailboat in the North Atlantic Ocean が so 以下の理由になっている。fastest は fast「速い」の最上級。

(28) 解答 4

質問の訳　「最初のブルーノーズはなぜ1942年に売却されたか」

選択肢の訳
1 船の所有者が病気になった。
2 それはサンゴ礁にぶつかって修理が必要だった。
3 新しいブルーノーズが作られた。
4 エンジンがついたより新しい船が人気になった。

解説
第3段落最後の文の前半 These boats became very popular in the 1930s が，後半 so the captain and owner of the Bluenose sold it in 1942 の理由になっている。These boats は，その前の文にある boats with engines「エンジンがついた船」のこと。

(29) 解答 3

質問の訳
「1971 年に何が起きたか」

選択肢の訳
1 最初のブルーノーズの絵が有名な画家によって描かれた。
2 ノバスコシアの歴史についての映画が作られた。
3 新しいブルーノーズがノバスコシアの人たちに贈られた。
4 特別な硬貨が最初のブルーノーズの船長に贈られた。

解説
質問の in 1971 に注目する。第4段落の4文目に，It was given to the people of Nova Scotia in 1971, … とある。It はその前の文の後半にある a company「ある会社」が作ることにした a new Bluenose を指している。

(30) 解答 3

質問の訳
「この話は何についてか」

選択肢の訳
1 世界中から来た帆船。
2 帆船のレース。
3 有名なカナダの帆船。
4 帆船を作る会社。

解説
タイトルにもある通り The Bluenose に関する英文。第1段落の4文目 One of the most famous sailboats in history was called the Bluenose. から，ブルーノーズは有名な帆船であること，さらに第2段落の1文目 The first Bluenose was built in 1921 in Nova Scotia, Canada. から，カナダで作られたことがわかる。

一次試験・筆記  問題編 p.40

質問の訳
「あなたは家族のために料理をすることが好きですか」

解答例 Yes, I like cooking for my family. First, I like to help my mother when she is very busy. Second, my family loves to eat my curry. I make it every Saturday.

解答例の訳 **「はい，私は家族のために料理することが好きです。第1に，私は母親がとても忙しいときに手伝うことが好きです。第2に，私の家族は私のカレーを食べることが大好きです。私は毎週土曜日にカレーを作ります」**

解説 最初に，家族のために料理をすることが好きかどうかを Yes [No], I like [don't like] cooking for my family. と書く。続けて，その理由を2つ説明する。解答例では，1文目：自分の考え（家族のために料理をすることが好き），2文目：1つ目の理由（母親がとても忙しいときに手伝うことが好き），3文目：2つ目の理由（家族は自分のカレーを食べることが大好き），4文目：3文目の補足（毎週土曜日にカレーを作る）という構成になっている。2つの理由を説明する際の First, ～. Second, …「第1に，～。第2に…」という表現は便利なので，書けるようにしておこう。

語句 like ～ing「～することが好きだ」，busy「忙しい」，love(s) to ～「～することが大好きだ」，curry「カレー」，every Saturday「毎週土曜日に」

例題 解答 3

放送文 ★：I'm hungry, Annie.

☆：Me, too. Let's make something.

★：How about pancakes?

1 On the weekend. 2 For my friends.

3 That's a good idea.

放送文の訳 ★：「おなかがすいたよ，アニー」

☆：「私(わたし)もよ。何か作りましょう」

★：「パンケーキはどう？」

1 週末に。 2 私(わたし)の友だちに。

3 それはいい考えね。

No. 1 解答 1

放送文 ☆：Where are the ninth-grade students today?

★：They're on a school trip.

☆：Oh. Where did they go?

1 On a hike in the mountains.

2 In their classroom.

3 At yesterday's meeting.

放送文の訳 ☆：「今日9年生はどこにいるの？」

★：「修(しゅう)学旅行に行ってるよ」

☆：「あら。どこへ行ったの？」

1 山へハイキングに。

2 彼(かれ)らの教室に。

3 昨日の打ち合わせで。

解説 the ninth-grade students「9年生（＝中学3年生）」の school trip「修(しゅう)学旅行」について話している。女の子は Where did they go? で修(しゅう)学旅行先を尋(たず)ねているので，On a hike in the mountains.「山へハイキングに（行った）」と答えている **1** が正解(かい)。

No. 2 解答 1

放送文 ★：Excuse me, ma'am.

☆：Yes?

★：Cell phones can't be used in this area.

1 I'm sorry. I'll go outside.

2 About 10 minutes ago.

3 All right. It's for you.

放送文の訳 ★：「すみません，奥さま」

☆：「はい？」

★：「この場所では携帯電話をお使いいただくことはできません」

1 ごめんなさい。外へ行きます。

2 10分ほど前に。

3 わかりました。これはあなたに。

解説 男性は女性に Cell phones can't be used in this area. と携帯電話の使用禁止を伝えているので，I'm sorry. とお詫びしている **1** が正解。go outside は「外へ行く」という意味。**3** は It's for you.「これはあなたに」が男性の発話に対応していない。

No. 3 解答 1

放送文 ★：Did you watch the baseball game last night?

☆：Of course.

★：I heard the Tigers won.

1 Yes, it was a great game.

2 Yes, on TV.

3 Yes, I will next time.

放送文の訳 ★：「昨夜，野球の試合を見た？」

☆：「もちろんよ」

★：「タイガースが勝ったと聞いたよ」

1 ええ，とてもいい試合だったわ。

2 ええ，テレビで。

3 ええ，次回はそうするわ。

解説 heard は hear の過去形で，I heard ～は「～ということを聞いた，～だそうだね」という意味。I heard the Tigers won. に続く発話として適切なのは1で，タイガースが勝った野球の試合が a great game「とてもいい試合」だったと言っている。

No. 4　解答 2

放送文 ☆：Which train goes to South Bay?

★：The Green Line does, ma'am.

☆：How long does it take?

1　I have two cars now.

2　About half an hour.

3　That's not how to do it.

放送文の訳 ☆：「どの列車がサウスベイへ行きますか」

★：「グリーンラインが行きます，お客さま」

☆：「どれくらいの時間がかかりますか」

1　私は現在2台の車を持っています。

2　約30分です。

3　それはそのやり方ではありません。

解説　How long does it take? は所要時間を尋ねる表現で，女性はサウスベイまで列車でどれくらいの時間がかかるかを尋ねている。正解2の half an hour は1時間の半分，つまり「30分」ということ。

No. 5　解答 2

放送文 ☆：I didn't win my tennis match.

★：That's too bad, Pam.

☆：I practiced really hard.

1　I'll go later.

2　You'll do better next time.

3　Don't forget your racket.

放送文の訳 ☆：「テニスの試合で勝てなかったの」

★：「それは残念だったね，パム」

☆：「とても一生懸命練習したのよ」

1　私は後で行くよ。

2　次回はもっとうまくいくよ。

3　ラケットを忘れないで。

解説　女の子は I didn't win ～「～で勝てなかった」や I practiced

really hard.「とても一生懸命練習した」と言っているので，You'll do better「もっとうまくいくよ」と励ましている **2** が正解。next time は「次（の試合で）は」ということ。

No. 6　解答 1

放送文 ★：Are you ready to go to the beach, Mom?

☆：Yes.　Let's go.

★：Is Dad coming, too?

1 No, he's too busy today.

2 No, I can't swim.

3 No, I'll show him tonight.

放送文の訳 ★：「海辺へ行く用意はできた，お母さん？」

☆：「ええ。行きましょう」

★：「お父さんも来るの？」

1 ううん，お父さんは今日忙しすぎるの。

2 ううん，私は泳げないわ。

3 ううん，今夜お父さんを案内するわ。

解説 Are you ready to ～? は「～する用意はできましたか」という意味で，2 人が海辺へ行こうとしている場面。Is Dad coming, too? で父親も来るかどうかを尋ねられた母親は，No（来ない）と答えた後，その理由として父親は too busy「忙しすぎる」と続けている **1** が正解。

No. 7　解答 3

放送文 ★：Did Mom make these cupcakes?

☆：No, I did.

★：They look really good.

1 Let's ask her.

2 Do it again.

3 You can try one.

放送文の訳 ★：「お母さんがこれらのカップケーキを作ったの？」

☆：「ううん，私が作ったの」

★：「とてもおいしそうだね」

1 彼女に聞いてみましょう。

2 もう１度それをやって。

3 １つ食べてみてもいいわよ。

解 説 They look really good. の They は女の子が作った cupcakes「カップケーキ」のこと，この look good は「おいしそうに見える」という意味。正解 3 の You can 〜は「〜してもいい」と許可する表現で，try one は try a cupcake「カップケーキを試す＝食べてみる」ということ。

No. 8 解答 1

放送文 ★：When do I have to go to the dentist?

☆：Today at four.

★：Today? Really?

1 Yes, don't be late.

2 No, she's a doctor.

3 OK, you can eat some.

放送文の訳 ★：「ぼくはいつ歯医者へ行かなくちゃいけないの？」

☆：「今日の４時よ」

★：「今日？　本当？」

1 ええ，遅れないでね。

2 ううん，彼女は医者よ。

3 わかったわ，少し食べていいわよ。

解 説 女性の Today at four. は男の子が dentist「歯医者」へ行かなくてはならない日時。それを聞いた男の子の Today? Really? に応じた発話は 1 で，don't be late は「（歯医者に）遅れないで」ということ。

No. 9 解答 2

放送文 ☆：Where's Bobby?

★：He went to see the school nurse.

☆：What happened?

1 I like helping people.

2 He has a bad headache.

3 It's the new student's first day.

放送文の訳 ☆：「ボビーはどこにいるの？」

★：「保健室の先生のところへ行ったよ」

☆：「何があったの？」

1 ぼくは人を助けることが好きなんだ。

2 彼はひどい頭痛がするんだ。

3 それは新入生の初日だよ。

解説 女の子の What happened?「何があったの？」は，school nurse「保健室の先生」のところへ行ったというボビーについて尋ねた質問。ボビーは a bad headache「ひどい頭痛」がすると説明している **2** が正解。

No. 10 解答 ③

放送文 ★：Will you play softball again next year?

☆：No, I think I'll join a different club.

★：Which one?

1 I'm the captain.

2 It's my favorite bat.

3 I haven't decided yet.

放送文の訳 ★：「来年もまたソフトボールをするの？」

☆：「ううん，違うクラブに入ると思うわ」

★：「どのクラブ？」

1 私はキャプテンよ。

2 それは私のお気に入りのバットよ。

3 まだ決めてないの。

解説 女の子の I think I'll join a different club を受けて男の子は Which one? と尋ねているので，one は club「クラブ」のこと。クラブ名を答える代わりに haven't decided yet「まだ決めていない」と返答している **3** が正解。not 〜 yet は「まだ〜ない」。

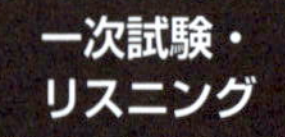

問題編 p.43〜44

No. 11 解答 ④

放送文 ☆：Arthur, is your sister still a nurse?

★ : No. She was a nurse until last year, but now she's a college student.

☆ : Oh, really?

★ : Yes. She wants to become a doctor.

Question: What does Arthur's sister do?

放送文の訳 ☆ :「アーサー，あなたのお姉さん[妹さん]はまだ看護師なの？」

★ :「ううん。昨年まで看護師だったけど，今は大学生だよ」

☆ :「あら，本当？」

★ :「うん。彼女は医者になりたいんだ」

質問の訳 「アーサーの姉[妹]は何をしているか」

選択肢の訳 1 彼女は看護師だ。 2 彼女は医者だ。

3 彼女は理科の先生だ。 4 彼女は大学生だ。

解 説 アーサーは姉[妹]について，She was a nurse until last year, but now she's a college student. と言っている。nurse「看護師」だったのは until last year「昨年まで」で，現在は college student「大学生」であることに注意する。

No. 12 解答 4

放送文 ☆ : Have you been to India?

★ : No. How about you?

☆ : I haven't either, but my dad has.

★ : Wow. I hope I can visit there someday.

Question: Who has been to India?

放送文の訳 ☆ :「インドへ行ったことはある？」

★ :「ないよ。きみは？」

☆ :「私もないわ，でも私の父は行ったことがあるの」

★ :「うわー。ぼくもいつかそこへ行くことができればいいな」

質問の訳 「誰がインドへ行ったことがあるか」

選択肢の訳 1 男の子。 2 女の子。

3 男の子の父親。 4 女の子の父親。

解 説 女の子の Have you been to India? に，男の子は No. と答えて，女の子に How about you?「きみは？」と尋ねている。女の子は I haven't either「私も（行ったことが）ない」と答えているが，その後の my dad has は my dad has been to India ということなので 4 が正解。

No. 13 解答 1

放送文 ★：Kathy, does our meeting start at two?

☆：No, at three. Why?

★：I'm having lunch with a friend at one.

☆：No problem. We can get ready when you come back.

Question: When will the man have lunch?

放送文の訳 ★：「キャシー，ぼくたちの打ち合わせは 2 時に始まるの？」

☆：「ううん，3 時よ。どうして？」

★：「1 時に友だちと昼食を食べるんだ」

☆：「いいわよ。あなたが戻ってきたときに準備すればいいわ」

質問の訳 「男性はいつ昼食を食べるか」

選択肢の訳 1 1 時に。　2 2 時に。　3 3 時に。　4 4 時に。

解　説 男性の I'm having lunch with a friend at one. から 1 が正解。I'm having は現在進行形だが，近い未来を表す用法。2 の At 2:00. は男性が尋ねた打ち合わせの開始時刻，3 の At 3:00. は実際の打ち合わせの開始時刻。

No. 14 解答 3

放送文 ☆：Ken, can you go to the store for me? I need some carrots.

★：Sure, Mom. What are you making for dinner?

☆：Beef and vegetable stew.

★：Sounds good.

Question: What does Ken's mother ask him to do?

放送文の訳 ☆：「ケン，私の代わりにお店へ行ってくれる？　ニンジンが必要なの」

★：「いいよ，お母さん。夕食に何を作っているの？」

☆：「牛肉と野菜のシチューよ」

★：「いいね」

質問の訳 「ケンの母親は彼に何をするように頼んでいるか」

選択肢の訳 1 夕食を作る。　2 肉を買う。

3 ニンジンを買う。　4 野菜を洗う。

解　説 母親の Ken, can you go to the store for me? からケンに店へ行

くように頼んでいること，その後の I need some carrots. からニンジンが必要なことがわかる。つまり，母親はケンに店でニンジンを買ってきてほしいと言っている。

No. 15 解答 3

放送文 ★：Is that a picture of a tiger on your T-shirt, Pam?
☆：Yes, I designed it myself.
★：Wow. I love your skirt, too.
☆：Thanks. I bought it last Saturday.
Question: What are they talking about?

放送文の訳 ★：「きみの T シャツに描かれているそれはトラの絵なの，パム？」
☆：「そうよ。私が自分でデザインしたの」
★：「すごいね。きみのスカートもとてもいいね」
☆：「ありがとう。これは先週の土曜日に買ったの」

質問の訳 「彼らは何について話しているか」

選択肢の訳 1 パムの大好きな店。　2 パムの大好きな動物。
3 パムの服装。　4 パムの週末の計画。

解説 a picture of a tiger on your T-shirt「きみ（＝パム）の T シャツに描かれているトラの絵」や your skirt「きみのスカート」などから，パムの clothes「服装」が話題だとわかる。designed は design「～をデザインする」の過去形。

No. 16 解答 2

放送文 ☆：There will be a fashion show in town next month.
★：Yeah. We should get tickets.
☆：OK, I'll do that today. I can buy them on the Internet.
★：Great.
Question: What is the woman going to do today?

放送文の訳 ☆：「来月に町でファッションショーがあるよ」
★：「そうだね。チケットを買わないとね」
☆：「わかった，私が今日それをするわ。インターネットで買えるわ」
★：「いいね」

質問の訳 「女性は今日何をする予定か」

選択肢の訳 1 コンピューターを買う。　2 チケットを買う。

3 ファッションショーへ行く。 4 市役所へ行く。

解説 男性の We should get tickets. を受けて女性が OK, I'll do that today. と言っているので，do that は get tickets「(ファッションショーの) チケットを買う」ということ。正解 2 では，get の代わりに buy が使われている。

No. 17 解答 3

放送文
★：Will you take the bus to the beach?
☆：No. I was planning to walk.
★：Why don't we ride our bikes?
☆：Good idea.
Question: How will they get to the beach?

放送文の訳
★：「バスに乗って海辺へ行く？」
☆：「ううん。歩いて行くつもりだったわ」
★：「自転車に乗って行かない？」
☆：「いい考えね」

質問の訳 「彼らはどうやって海辺へ行くか」

選択肢の訳 1 バスで。 2 車で。 3 **自転車で。** 4 徒歩で。

解説 Why don't we ～? は「～しませんか，～しましょう」という提案・勧誘の表現。男の子の ride our bikes「自転車に乗って (海辺へ) 行く」という提案に，女の子は Good idea. と賛成している。

No. 18 解答 4

放送文
★：Hello?
☆：Hi, Dad. Can you come and pick me up?
★：Sure. Are you at school?
☆：No, I'm at my friend Kenta's house.
★：OK. I'll be there soon.
Question: Where is the girl calling from?

放送文の訳
★：「もしもし？」
☆：「もしもし，お父さん。私を迎えに来てくれる？」
★：「いいよ。学校にいるの？」
☆：「ううん，友だちのケンタの家にいるの」

★：「わかった。すぐにそこへ行くよ」

質問の訳　「女の子はどこから電話をしているか」

選択肢の訳　1　彼女の学校。　2　彼女の家。
3　彼女の父親の会社。　4　彼女の友だちの家。

解説　Hello?「もしもし」で始まる電話での会話。父親の Are you at school? に女の子は No と答えているので，**1** は不正解。その後の I'm at my friend Kenta's house に正解が含まれている。pick ～ up は「～を迎えに行く［来る］」という意味。

No. 19 解答 1

放送文 ★：Excuse me.　I bought this shirt here last month, and I'd like to buy another one.

☆：Would you like the same color?

★：No.　This time, I'd like a blue one.

☆：OK.

Question: What does the man want to do?

放送文の訳 ★：「すみません。先月ここでこのシャツを買って，もう 1 枚買いたいのですが」

☆：「同じ色がよろしいですか」

★：「いいえ。今回は，青色のシャツがほしいのですが」

☆：「かしこまりました」

質問の訳　「男性は何をしたいか」

選択肢の訳　1　青色のシャツを買う。　2　シャツを交換する。
3　返金してもらう。　4　別の店を見つける。

解説　店での男性客と女性店員の会話。男性客の I'd like to buy another one の one は，shirt「シャツ」を指している。また，This time, I'd like a blue one. から，前回とは違う青色のシャツを買いたいということがわかる。

No. 20 解答 1

放送文 ☆：Let's study at the library tomorrow.

★：Sorry, I can't.

☆：Do you have rugby practice?

★：Yeah.　We need to get ready for our big game next

weekend.
Question: Why can't the boy go to the library tomorrow?

放送文の訳 ☆：「明日，図書館で勉強しましょう」
★：「ごめん，ダメなんだ」
☆：「ラグビーの練習があるの？」
★：「うん。来週末の大事な試合に向けて準備する必要があるんだ」

質問の訳 「男の子は明日なぜ図書館へ行くことができないか」

選択肢の訳
1 彼はラグビーの練習に行かなくてはならない。
2 彼はラグビーの試合を見る。
3 彼は家で勉強しなければならない。
4 彼は休暇の準備をする。

解　説 Let's study at the library tomorrow. という女の子からの誘いを，男の子は Sorry, I can't. と断っている。その理由について，女の子の Do you have rugby practice? に Yeah. と答えているので，**1** が正解。rugby practice は「ラグビーの練習」という意味。

一次試験・リスニング 第3部 問題編 p.45～46

▶MP3 ▶アプリ ▶CD 1 23～33

No. 21 解答 4

放送文 Amy works at a restaurant. She brings the people their food, and she cleans the restaurant, too. It's hard work, but she really likes her job because she can meet a lot of people.
Question: Why does Amy enjoy working at the restaurant?

放送文の訳 「エイミーはレストランで働いている。彼女は客に料理を運び，レストランの掃除もする。それは大変な仕事だが，たくさんの人に会うことができるので，彼女は自分の仕事が大好きだ」

質問の訳 「エイミーはなぜレストランで働くことが楽しいか」

選択肢の訳
1 彼女は料理をすることが好きだ。
2 彼女は一生懸命働くことが好きだ。
3 彼女はたくさんの料理を食べることができる。
4 彼女はたくさんの人に会うことができる。

解説　質問の enjoy working at the restaurant は英文では使われていないが，… but she really likes her job の後にその理由を because she can meet a lot of people と説明している。a lot of ～は「たくさんの～」という意味。

No.22 解答 4

放送文　Last Saturday, Henry and Janet found a cat in the park. They took it home. Their friend Mark came to look at it. He said that it looked like Lisa's cat. Mark called Lisa. It was her cat.

Question: Whose cat was it?

放送文の訳　「先週の土曜日，ヘンリーとジャネットは公園で1匹の猫を見つけた。2人は猫を家に連れて帰った。2人の友だちのマークが猫を見に来た。彼は，それがリサの猫に似ていると言った。マークはリサに電話をした。それは彼女の猫だった」

質問の訳　「それは誰の猫だったか」

選択肢の訳
1 ヘンリーの（猫）
2 マークの（猫）。
3 ジャネットの（猫）。
4 **リサの（猫）。**

解説　最後に It was her cat. とあり，her cat はその前の2つの文 He (=Mark) said that it looked like Lisa's cat. と Mark called Lisa. から Lisa's cat だと判断する。looked like ～は「～に似ていた」，called は「～に電話した」という意味。

No.23 解答 2

放送文　This afternoon, I bought a new CD. I took it to my friend's house, and we listened to it together. On the way home, I left it on the train. I'm really sad.

Question: What is the girl's problem?

放送文の訳　「今日の午後，私は新しい CD を買った。私はそれを友だちの家へ持っていき，私たちは一緒に聞いた。帰宅途中に，私はそれを電車に置き忘れてしまった。私はとても悲しい」

質問の訳　「女の子の問題は何か」

選択肢の訳
1 彼女は間違った CD を買った。
2 **彼女は電車に CD を置き忘れた。**

3　彼女の友だちが家にいなかった。
4　彼女の部屋がきれいではない。

解説　質問の problem は「問題」という意味なので，最後の I'm really sad. の原因を考える。直前に On the way home, I left it on the train. とあり，it は今日の午後に買った a new CD「新しい CD」を指している。left は leave の過去形で，ここでは「～を置き忘れた」という意味で使われている。

No. 24 解答 3

放送文　Next week, Satoko is going to Sydney for work. She'll have meetings on Tuesday and Wednesday. She's free on Thursday, so she'll go sightseeing on that day. She'll come back to Japan on Friday.
Question: When will Satoko go sightseeing?

放送文の訳　「来週，サトコは仕事でシドニーへ行く。彼女は火曜日と水曜日に会議がある。木曜日は暇なので，その日に観光に行くつもりだ。彼女は金曜日に日本に帰国する」

質問の訳　「サトコはいつ観光に行くか」

選択肢の訳　1　火曜日に。　2　水曜日に。　3　木曜日に。　4　金曜日に。

解説　go sightseeing は「観光に行く」という意味。3文目の She's free on Thursday, so she'll go sightseeing on that day. から判断する。on that day「その日に」とは，文の前半にある on Thursday のこと。

No. 25 解答 4

放送文　I'm going to stay at my friend's house tonight. My dad told me to clean my room before I go. I'll have to do it quickly.
Question: What should the girl do before she leaves?

放送文の訳　「私は今夜，友だちの家に泊まりに行く。父は私に，出かける前に私の部屋を掃除するように言った。私はそれをすぐにやらなければならない」

質問の訳　「女の子は出かける前に何をしなければならないか」

選択肢の訳　1　走りに行く。　2　彼女の父親に電話する。

3 友だちに手紙を書く。 4 彼女の部屋を掃除する。

解説 I'll have to do it quickly. の do it「それをする」は，その前の文にある clean my room を指している。stay at ～は「～(のところ) に滞在する，泊まる」，told は tell の過去形で，〈tell＋(人)＋to ～〉で「(人) に～するように言う」という意味。

No. 26 解答 1

放送文 Good morning, everyone. At 12:30 today, the girls' basketball team will play a game against the teachers in the gym. You can go and watch, but don't be late for math class at 1:15.
Question: Where is the man talking?

放送文の訳 「おはようございます，みなさん。今日の12時30分に，体育館で女子バスケットボールチームが先生たちと試合をします。見学しに行くことはできますが，1時15分の数学の授業には遅れないようにしてください」

質問の訳 「男性はどこで話しているか」

選択肢の訳
1 学校で。 2 競技場で。
3 スポーツ店で。 4 レストランで。

解説 Good morning, everyone. で始まる案内放送。the girls' basketball team「女子バスケットボールチーム」，a game against the teachers「先生たちとの試合」，math class「数学の授業」などから，男性が話しているのは学校だとわかる。

No. 27 解答 3

放送文 I usually relax at home on Saturdays and Sundays, but this weekend I'll be busy. On Saturday, my friend and I are going hiking, and on Sunday I'm going to take a dance lesson.
Question: What is the girl talking about?

放送文の訳 「私は土曜日と日曜日は普段家でくつろぐが，今週末は忙しい。土曜日に，友だちと私はハイキングに行き，日曜日に，私はダンスのレッスンを受けることになっている」

質問の訳 「女の子は何について話しているか」

選択肢の訳　1　彼女の新しいハイキングブーツ。
2　彼女の一番好きな曜日。
3　彼女の週末の計画。
4　彼女の友だちのダンスクラブ。

解　説　but this weekend I'll be busy「でも今週末は忙しい」以降，On Saturday ..., and on Sunday ... と今週末の土曜日と日曜日にすること，つまり 3 の plans for the weekend「週末の計画」について話している。

No. 28 解答 2

放送文　Brenda lives by herself. She usually eats alone, but today she's going to have lunch at her brother's house. She's really looking forward to it.
Question: What is Brenda looking forward to?

放送文の訳　「ブレンダは 1 人で暮らしている。普段は 1 人で食事をするが，今日は兄[弟]の家で昼食を食べる。彼女はそれを本当に楽しみにしている」

質問の訳　「ブレンダは何を楽しみにしているか」

選択肢の訳　1　新しい家を買うこと。
2　彼女の兄[弟]と昼食を食べること。
3　彼女の大好きなレストランで食事をすること。
4　1 人で暮らすこと。

解　説　look forward to ～は「～を楽しみに待つ」という意味。最後に She's really looking forward to it. とあり，it はその前の文の後半にある today she's going to have lunch at her brother's house を指している。

No. 29 解答 4

放送文　I have two pets. I have a rabbit named Chester and a dog named Spot. Chester is three years old, and Spot is six months old. They're both really cute.
Question: How old is the woman's rabbit?

放送文の訳　「私は 2 匹ペットを飼っている。チェスターという名前のウサギと，スポットという名前の犬を飼っている。チェスターは 3 歳で，スポットは生後６か月だ。どちらもとてもかわいい」

質問の訳　「女性のウサギは何歳か」

選択肢の訳
1　生後２か月。　2　生後６か月。
3　２歳。　4　３歳。

解説　女性が飼っている two pets「２匹のペット」が話題。a rabbit named Chester「チェスターという名前のウサギ」→ three years old と，a dog named Spot「スポットという名前の犬」→ six months old の２つの情報を聞き分けるようにする。

No. 30 解答 1

放送文　My favorite Spanish restaurant closed last month. I already miss it. It opened ten years ago, and I went there almost every week.
Question: What happened last month?

放送文の訳　「ぼくの大好きだったスペイン料理のレストランが先月閉店した。それがないのをもう寂しく思っている。それは 10 年前にオープンして，ぼくはほとんど毎週そこへ行った」

質問の訳　「先月に何が起きたか」

選択肢の訳
1　あるレストランが閉店した。　2　新しい店がオープンした。
3　男性が料理教室に行った。　4　男性がスペインへ行った。

解説　最初の My favorite Spanish restaurant closed last month. の聞き取りがポイント。closed は close「閉まる，閉店する」の過去形。miss は「～がないのを寂しく思う」という意味。

二次試験・面接　問題カード **A** 日程　問題編 p.48〜49

全　訳

バドミントン

バドミントンをすることは日本で人気のある活動だ。学校でバドミントンのチームに入る生徒もいるし，週末に地元の体育館でバドミントンをする人も多い。いつかオリンピックに出たいと思っている選手もいる。

質問の訳

No.1　パッセージを見てください。多くの人たちは週末にどこでバドミントンをしますか。

No.2　イラストを見てください。テーブルの上には何本のボトルがありますか。

No.3　めがねをかけた男の子を見てください。彼は何をしようとしていますか。

さて，〜さん，カードを裏返しにしてください。

No.4　あなたは暇なときにどこへ行くことが好きですか。

No.5　あなたはキャンプに行ったことがありますか。

はい。　→ もっと説明してください。

いいえ。→ あなたは次の週末に何をする予定ですか。

No. 1

解答例　They play badminton in local gyms.

解答例の訳　「彼らは地元の体育館でバドミントンをします」

解　説　質問は Where「どこで」で始まり，多くの人たちが weekends「週末」にバドミントンをする場所を尋ねている。2文目に正解が含まれているが，解答する際，①質問の主語と重なる many people を3人称複数の代名詞 They に置き換える，②文の前半 Some students join badminton teams at school「学校でバドミントンのチームに入る生徒もいる」は質問に直接関係しない内容なので省く，という2点に注意する。

No. 2

解答例　There are three.

解答例の訳　「3本あります」

解　説　〈How many＋複数名詞〉は数を尋ねる表現で，テーブルの上にある bottles「ボトル，ビン」の本数を尋ねている。イラストにはボトルが3本あるが，単に Three (bottles). と答えるのではなく，質問に合わせて There are ～「～があります」の形で答える。

No. 3

解答例 He's going to throw a ball.

解答例の訳 **「彼はボールを投げようとしています」**

解説 イラスト中の the boy wearing glasses「めがねをかけた男の子」に関する質問。be going to ～は「～しようとしている」という意味で，男の子がこれからとる行動は吹き出しの中に描かれている。質問に合わせて，He's [He is] going to ～（動詞の原形）の形で答える。「ボールを投げる」は throw a ball と表現する。

No. 4

解答例 I like to go to the shopping mall.

解答例の訳 **「私はショッピングモールへ行くことが好きです」**

解説 like to ～は「～することが好き」，in *one's* free time は「暇なときに」という意味。時間があるときにどこへ行くことが好きかを，単に場所だけではなく，I like to go to ～（場所）の形で答える。

No. 5

解答例 Yes. → Please tell me more.
— I go camping every fall.
No. → What are you going to do next weekend?
— I'm going to go to a festival.

解答例の訳 **「はい」→ もっと説明してください。**
—「私は毎年秋にキャンプに行きます」
「いいえ」→ あなたは次の週末に何をする予定ですか。
—「私はお祭りに行く予定です」

解説 最初の Have you ever been camping? はキャンプをした経験があるかどうかを問う質問で，Yes(, I have). / No(, I haven't). で答える。Yes の場合の2番目の質問 Please tell me more. には，いつ，誰とキャンプに行く[行った]か，そこで何をする[した]かなどを答えればよい。No の場合の2番目の質問 What are you going to do next weekend? には，next weekend「次の週末」

の予定を I'm going to ～(動詞の原形) の形で答える。解答例の他に，(Yes の場合) I enjoyed cooking outside with my friends.「友だちと外で料理をして楽しみました」，(No の場合) I'm going to go shopping with my mother.「母と買い物に行く予定です」のような解答も考えられる。

二次試験・面接

問題編 p.50〜51

全訳

スパゲティ

スパゲティは世界中の人たちに食べられている。それはよくトマトから作られたソースをかけて食べられる。スパゲティはとてもおいしくて作るのが簡単なので，多くの家庭で人気のある料理だ。

質問の訳

No.1　パッセージを見てください。なぜスパゲティは多くの家庭で人気のある料理なのですか。

No.2　イラストを見てください。新聞はどこにありますか。

No.3　女性を見てください。彼女は何をしていますか。

さて，～さん，カードを裏返しにしてください。

No.4　あなたはリラックスするために何をしますか。

No.5　あなたは学生ですか。

はい。　→ 学校の何の教科があなたにとって最も難しいですか。

いいえ。→ あなたは朝食に何を食べるのが好きですか。

No. 1

解答例

Because it is delicious and easy to cook.

解答例の訳

「それはとてもおいしくて作るのが簡単だからです」

解説

a popular dish with ～ は「～に人気のある料理」という意味。正解を含む 3 文目は，〈～, so …〉「～(理由)，だから…(結果)」の構文。解答する際，①質問の主語と重なる Spaghetti を 3 人称単数の代名詞 it に置き換える，②文の後半 so it is a popular dish with many families「だから，それは多くの家庭で人気のある料理だ」は質問と重なる内容なので省く，という 2 点に注意する。

No. 2

解答例 It's on the sofa.

解答例の訳 「それはソファーの上にあります」

解説 Where は「どこに」という意味で，newspaper「新聞」がある場所を尋ねている。解答する際は，質問の主語 the newspaper を3人称単数の代名詞 It に置き換える。動詞は質問と同じ is を使って，It's [It is] とする。新聞はソファーの上にあるので，It's の後に on the sofa を続ける。

No. 3

解答例 She's looking at a calendar.

解答例の訳 「彼女はカレンダーを見ています」

解説 イラスト中の女性に関する質問。質問の What is ~ doing? は，「~は何をしていますか」という現在進行形の疑問文。「カレンダーを見る」は look at a calendar で，質問に合わせて She's [She is] looking at a calendar. という現在進行形で答える。calendar と日本語の「カレンダー」の発音の違いにも注意しよう。

No. 4

解答例 I read comic books.

解答例の訳 「私はマンガ本を読みます」

解説 What do you do は「あなたは何をするか」，to relax は「リラックスするために」という意味。自分が何をしてリラックスするかを，I ~(動詞の原形) の形で答える。

No. 5

解答例 Yes. → What school subject is the most difficult for you?
— Science is the most difficult.
No. → What do you like to have for breakfast?
— I like to have bread.

解答例の訳 「はい」→ 学校で何の教科があなたにとって最も難しいですか。
—「理科が最も難しいです」
「いいえ」→ あなたは朝食に何を食べるのが好きですか。
—「私はパンを食べるのが好きです」

解説 最初の質問には，自分が student「学生」であるかどうかを Yes(, I am). / No(, I'm not). で答える。Yes の場合の2番目の質問

What school subject is the most difficult for you? には，学校で the most difficult「最も難しい」と思う subject「教科，科目」を～ is the most difficult. のように答える。No の場合の２番目の質問 What do you like to have for breakfast? には，breakfast「朝食」で何を食べるのが好きかを I like to have ～の形で答える。解答例の他に，（Yes の場合）Math is the most difficult for me.「私には数学が最も難しいです」，（No の場合）I like to have natto with rice.「私はご飯と一緒に納豆を食べるのが好きです」のような解答も考えられる。

2019-2

一次試験
筆記解答・解説 p.40〜52

一次試験
リスニング解答・解説 p.53〜69

二次試験
面接解答・解説 p.70〜74

解答一覧

一次試験・筆記

1

(1)	3	(6)	4	(11)	1
(2)	3	(7)	1	(12)	2
(3)	4	(8)	2	(13)	1
(4)	3	(9)	2	(14)	2
(5)	4	(10)	2	(15)	2

2

(16)	3	(18)	3	(20)	4
(17)	1	(19)	2		

3 A

(21)	3
(22)	4

3 B

(23)	4
(24)	1
(25)	2

3 C

(26)	3	(28)	3	(30)	4
(27)	2	(29)	1		

4 解答例は本文参照

一次試験・リスニング

第1部

No. 1	1	No. 5	2	No. 9	3
No. 2	1	No. 6	2	No.10	3
No. 3	1	No. 7	3		
No. 4	3	No. 8	2		

第2部

No.11	3	No.15	2	No.19	1
No.12	1	No.16	3	No.20	3
No.13	4	No.17	2		
No.14	2	No.18	1		

第3部

No.21	1	No.25	3	No.29	4
No.22	3	No.26	3	No.30	2
No.23	4	No.27	2		
No.24	1	No.28	1		

一次試験・筆記 **1** 問題編 p.54～55

(1) 解答 3

訳 A「寒すぎて泳ぎに行けないね」
B「そうね。代わりに家にいてテレビを見ましょう」

解説 too ～ to ... は「あまりに～で…できない」という意味。寒すぎて泳ぎに行けないので，instead「代わりに」家でテレビを見るという流れ。either「どちらか」，almost「ほとんど」，before「以前に」。

(2) 解答 3

訳 「このフランス語の単語の意味を教えてくれますか。それがわからないんです」

解説 I don't understand it. の it は，the ( ) of this French word「このフランス語の単語の ( )」を指している。わからないので教えてくれるように頼んでいるのは単語の meaning「意味」。dictionary「辞書」，size「大きさ，サイズ」，reason「理由」。

(3) 解答 4

訳 A「すみません。このコートを試着したいのですが。試着室はどこですか」
B「あちらにございます，お客さま」

解説 try on ～は「～を試着する」という意味。A は coat「コート」を試着したいと思っているので，B に尋ねているのは fitting room「試着室」の場所。1，2，3 はそれぞれ put「～を置く」，pick「～を摘み取る」，hit「～を打つ」の～ing 形。

(4) 解答 3

訳 「静かで穏やかな夜だったので，私はとてもよく眠った」

解説 quiet「静かな」と空所に入る語が night「夜」を修飾している。night との意味的なつながりから，peaceful「穏やかな，平穏な」が正解。close「近い」，angry「怒った」，difficult「難しい」。

(5) 解答 4

訳 A「お母さん，シャワーを浴びたいんだ。きれいなタオルはある？」
B「ええ，ボビー。浴室に何枚かあるわ」

解説 take a shower は「シャワーを浴びる」という意味。ボビーはシャワーを浴びたいと言っているので，必要なのは clean towels「きれいな（洗濯した）タオル」。**1**，**2**，**3** はそれぞれ map「地図」，floor「床，階」，handle「取っ手」の複数形。

(6) 解答 4

訳 A「何か探しているの，ジュン？」
B「うん，ぼくの自転車のかぎ。ポケット全部とかばんの中を見たんだけど」

解説 look for ～は「～を探す」という意味で，A はジュンに何かを探しているのか尋ねている。my bicycle「ぼくの自転車」とつながるのは key「かぎ」。type「型」，line「線」，job「仕事」。

(7) 解答 1

訳 A「ジャック。学校へ行く前に靴をきれいにしなさい。汚れているわ」
B「わかった，お母さん。そうするよ」

解説 母親がジャックに Clean your shoes と言っている理由は，靴が dirty「汚れて」いるから。They're は Your shoes are ということ。sick「病気の」，thirsty「のどが渇いた」，round「丸い」。

(8) 解答 2

訳 「トムの両親はトムが試験に合格したとき，彼をとても誇りに思った」

解説 空所前にある proud に注目する。be proud of ～で「～を誇り［自慢］に思う」という意味。passed は pass「～に合格する」の過去形，exam は「試験」。by「～のそばに」，on「～の上に」，from「～から」。

(9) 解答 2

訳　「ぼくの新しい電話はぼくの兄[弟]のものとまったく同じだ」

解説　空所前後にある the と as とのつながりを考えて，the same as ～「～と同じ」という表現にする。my brother's は my brother's telephone のこと。different「違って」，true「本当の」，more「より多くの」。

(10) 解答 2

訳　「マイケルはコンピューターに興味があるが，コンピューターを持っていない」

解説　空所後の in computers とつながるのは interested で，be interested in ～で「～に興味がある」という意味。one は a computer のこと。excited「わくわくして」，difficult「難しい」，free「ひまな，無料の」。

(11) 解答 1

訳　A「きみのご両親は最初にどこでお互い出会ったの？」
B「中学校で出会ったのよ」

解説　空所後の other に注目して，each other「お互い」という表現にする。each other が meet「～に会う」の目的語になっている。met は meet の過去形。so「とても」，every「すべての」，many「多くの」。

(12) 解答 2

訳　「私の父は約束を破った。父は仕事をしなければならなかったので，土曜日に私たちを海辺に連れて行けなかった」

解説　broke は break の過去形で，break *one's* promise で「～の約束を破る」という意味。2 文目の take us to the beach on Saturday が父親が約束していたこと。pollution「汚染」，problem「問題」，purpose「目的」。

(13) 解答 1

訳　「ジョンはバレーボールを練習するために，今日早く学校へ行った」

解説　空所以降がその前の John went to school early today「ジョンは今日早く学校へ行った」の目的を表すようにするために，to 不定詞〈to＋動詞の原形〉を使って to practice「～を練習するために」とする。

(14) 解答 2

訳　A「誰がこのパンプキンパイを作ったか知ってる？　とてもおいしいわ！」
B「パティーが作ったのよ。彼女は料理がとてもじょうずなの」

解説　B が Patty did. と人の名前を答えていることから，A は誰が this pumpkin pie「このパンプキンパイ」を作ったのか尋ねていると考えて who「誰が」を選ぶ。did は made の代わりに使われている。

(15) 解答 2

訳　A「フミコ，きみのお兄さん[弟]は大学へ行っているんだよね？」
B「そうよ，今年卒業するの」

解説　〈肯定文，否定形＋主語？〉や〈否定文，肯定形＋主語？〉で，「～ですよね？」と相手に確認したり同意を求めたりする付加疑問と呼ばれる形になる。ここでは your brother goes ～という主語が3人称単数で一般動詞を含む肯定文なので，doesn't he? とする。

一次試験・筆記 2

問題編 p.56

(16) 解答 3

訳　店員「こんにちは，お客さま。ご用件をお伺いいたしましょうか」
客　「いや，結構です。見ているだけなので」
店員「かしこまりました。必要があればお申しつけください」

解説　Salesclerk「店員」と Customer「客」の会話。客が I'm just looking.「見ているだけです」と言っていることと，空所前の Please tell me「私に言ってください」とのつながりを考えて，3 の if you need me「私が必要であれば」を選ぶ。

(17) 解答 1

訳 男性「今晩，夕食を食べに行かない？」
女性「いいわよ。イタリア料理はどうかしら？」
男性「いいね」

解説 Why don't we ～? は「～しませんか」という意味で，相手を誘う表現。男性の Sounds good.「いいですね」につながるのは **1** で，What about ～?「～はどうですか」を使って夕食に Italian food「イタリア料理」を食べに行くことを提案している。

(18) 解答 3

訳 夫「この店で気に入ったレインコートはある？」
妻「入り口のそばにある赤いのがすてきね。あれを買おうと思うわ」

解説 妻が I think I'll buy it.「あれを買おうと思うわ」と言っているので，その前で it の内容が示されていることが予想できる。正解 **3** の The red one は The red raincoat「赤いレインコート」のことで，by the entrance は「入り口のそばの」という意味。

(19) 解答 2

訳 女の子 1「あなたがバイオリンを持っているのは知らなかったわ。どれくらいの頻度でそれを弾くの？」
女の子 2「月に 1 度か 2 度だけよ」

解説 女の子 2 が持っている violin「バイオリン」が話題。女の子 2 の Only once or twice a month.「月に 1 度か 2 度だけ」が答えとなる質問は，How often ～「どれくらいの頻度で～」で始まっている **2**。ここではバイオリンを弾く頻度を尋ねている。

(20) 解答 4

訳 男の子「急いで，クリスティーン。英語の授業に行かないと」
女の子「ちょっと待って。ロッカーから辞書を取らないといけないの」

解説 男の子は女の子に，急いで go to English class「英語の授業へ行く」必要があると言っている。女の子は I have to get my dictionary「辞書を取らなければならない」と伝えているので，その前の発話として適切なのは 4 の Wait a minute.「ちょっと待って」。locker は「ロッカー」という意味。

一次試験・筆記 3A 問題編 p.58〜59

ポイント 生徒が学校で野菜を育てるための準備作業を手伝ってくれる保護者の募集に関するお知らせ。日時や場所の情報の他，保護者に求められている仕事内容を読み取ろう。

全訳

保護者へのお知らせ

8 年生が理科の授業のために，学校で野菜を育てます。何人かの生徒が菜園を準備するために 5 月 28 日に登校することになっていて，彼らを手伝いに来ていただける保護者 5 名を探しています。

日付：5 月 28 日 土曜日

時間：午前 10 時から午後 3 時まで

場所：学校のプールわきに集合

お持ちいただくもの：食べ物と飲み物

運ばなければならない重いものがたくさんあるので，力が強い方が必要です。

お手伝いいただける場合は，5 月 24 日までに理科教員のクラーク先生に 344-2323 までお電話ください。

語句 Notice「お知らせ，掲示」，Parent(s)「親，保護者」，The 8th grade students「8 年生」，vegetable(s)「野菜」，get 〜 ready「〜を準備する」，beside「〜のそば[わき]に」，strong「力が強い」

(21) 解答 3

質問の訳 「5 月 28 日，保護者が集まるべき場所は」

選択肢の訳
1 スーパーマーケットで。　2 クラーク先生の教室の外で。
3 学校のプールの隣で。　4 理科室で。

解説 meet は「会う，集まる」という意味。お知らせの **Where:** の部分に，Meet beside the school pool と書かれている。beside 〜

「～のわきに」が，正解の 3 では next to ～に置き換えられている。

(22) 解答 4

質問の訳 「保護者は学校で何をしなければならないか」

選択肢の訳
1 理科の授業を教える。
2 生徒たちのために飲み物を作る。
3 野菜を売る。
4 重いものを運ぶ。

解 説 お知らせの最後から2文目に，You ... because there will be many heavy things to carry. と書かれている。to carry は直前の many heavy things を修飾していて，「運ぶべきたくさんの重いものがある」，つまり「たくさんの重いものを運ばなければならない」ということ。

一次試験・筆記 3B 問題編 p.60～61

ポイント 学校をやめることになった先生に対する思いと，お別れに際して先生にあげるプレゼントを何にするかについて3人の生徒がやり取りしているEメール。先生に関する情報や，誰が何のプレゼントを提案しているかを中心に読み取ろう。

全 訳
送信者：アマンダ・ジャービス
受信者：ジョージ・ウィルソン，ドナ・トンプソン
日付：2月10日
件名：ウォード先生
ジョージとドナへ，
ウォード先生が私たちの学校をやめることが今でも信じられないわ。彼は本当にいい先生よ！　今日の午後に先生と話して，先生の奥さんがボストンの大学で新しい仕事を見つけたと言ってたわ。一家でもうすぐそこへ引っ越すと先生は言ってた。私はそのことが本当に悲しいけど，先生がボストンでの暮らしを楽しむことを願っているわ。先生の娘さんはそこで大いに楽しむと思う。ドナ，今日の昼食時に，ウォード先生にプレゼントを買ったほうがいい

と言ってたわよね。それはとてもいい考えだと思うわ。
それじゃまた，
アマンダ

送信者：ジョージ・ウィルソン
受信者：アマンダ・ジャービス，ドナ・トンプソン
日付：2月11日
件名：いい考え
こんにちは，
ぼくもプレゼントを買うのはいい考えだと思う。ウォード先生はいつもぼくたちに親切だったから，先生に何かすてきなものをあげたほうがいいね。先生はスポーツが何でも好きだということを知ってるけど，サッカーが一番好きだって聞いたよ。先生は読書も楽しんでいるから，サッカーに関する本はどうかな？　それと，ぼくたちのクラスみんなに協力を頼んだほうがいいね。みんなが少しずつお金を出せば，先生に本当に特別なものを買うことができるよ。
ジョージ

送信者：ドナ・トンプソン
受信者：ジョージ・ウィルソン，アマンダ・ジャービス
日付：2月11日
件名：贈り物
ジョージとアマンダへ，
ジョージに賛成だわ。クラスメートに協力を頼みましょう。みんなが5ドルずつ出せば，100ドル集められるわ。それなら，本よりもいいものを先生に買うことができるわね。先生の大好きなサッカーチームはパンサーズよね？　先日，インターネットでとてもかっこいいパンサーズの時計を見たの。それは100ドルくらいだったわよ。十分なお金を集められれば，先生にそれを買ったらいいと思うわ。どう思う？
それじゃ月曜日に，
ドナ

語句　believe「～を信じる」，leaving<leave「～をやめる，去る」の～ing 形，found<find「～を見つける」の過去形，university「大学」，sad「悲しい」，lunchtime「昼食時」，how about ～?「～はどうか？」，agree with ～「～に賛成する」，classmate(s)「クラスメート」，cool「かっこいい」，on the Internet「インターネットで」，the other day「先日」，collect「～を集める」

(23) 解答 4

質問の訳　「ウォード先生はなぜ引っ越しするのか」

選択肢の訳
1 彼は教えることをやめる。
2 彼は大学に戻りたいと思っている。
3 彼の娘がボストンに住んでいる。
4 彼の妻が新しい仕事を得た。

解説　move は「引っ越す」という意味。最初の E メールの 4 文目にある they were going to move there soon の理由は，その前の 3 文目後半で … his wife found a new job at a university in Boston. と説明されている。found「～を見つけた」が，正解 4 では got「～を得た」と表現されている。

(24) 解答 1

質問の訳　「ジョージはウォード先生について何を聞いたか」

選択肢の訳
1 先生の大好きなスポーツはサッカーだ。
2 先生はすてきなものをたくさん持っている。
3 先生の授業は本当に退屈だ。
4 先生はサッカーに関する本を書いた。

解説　ジョージが書いたのは 2 番目の E メールで，その 3 文目後半に … but I heard that he loves soccer the best. とある。heard は hear「～を聞く」の過去形で，he は Mr. Ward を指している。この内容を，正解 1 では favorite「大好きな」を使って表している。

(25) 解答 2

質問の訳　「ドナはウォード先生に何をあげたいか」

選択肢の訳
1 いくらかのお金。　2 時計。

3 サッカーボール。　　　　4 本。

解説　ドナが書いた3番目のEメールの6文目に，I saw a really cool Panthers clock on the Internet the other day. とある。さらに8文目後半で … I think we should buy him that. と書いている。that はドナがインターネットで見つけた a really cool Panthers clock「とてもかっこいいパンサーズの時計」のこと。

一次試験・筆記 3C

問題編 p.62～63

ポイント　ニューヨーク市のシンボルの1つであるグランドセントラルターミナルという駅に関する4段落構成の英文。グランドセントラルターミナルがどのような経緯をたどって作られたかや，駅の特徴を中心に読み取ろう。

全訳

グランドセントラルターミナル

ニューヨーク市の最も有名なシンボルの1つがグランドセントラルターミナルだ。これは市の主要な鉄道駅である。毎日約75万人がそこを歩いて通って行く。

その駅がコーネリアス・ヴァンダービルトという名前の男性によって1871年に最初に作られたとき，それはグランドセントラルデポと呼ばれた。1901年に，より大きな建物が建てられて，グランドセントラル駅と名付けられた。しかし，その建物は1902年の大きな列車事故のために閉鎖された。1913年に，新しくてさらに大きな駅がオープンし，グランドセントラルターミナルという名前が付けられた。これが，今日でも人々が見ることができるものだ。

グランドセントラルターミナルには44のホームがある。それは世界の他のどの鉄道駅よりも多い。そこには67本の線路もある。メインホールはメインコンコースと呼ばれ，とても大きい。窓は約23メートルの高さがある。メインコンコースには見て面白いものがたくさんある。中央部には，オパールでできた有名な時計がある。オパールはとても高価な石なので，何百万ドルもかかった。多くの人たちが時計のそばで友だちと待ち合わせをする。

メインコンコースの天井には，2,500 個の明るい星が輝く夜空の絵がある。この天井は 1912 年に作られたが，古くなって雨水が建物の中に入り込んできたので 1944 年に覆われた。1996 年から 1998 年まで，天井は清掃され修復された。今では，それは建物の中で最も美しい部分の 1 つである。

語句　symbol(s)「シンボル，象徴」，main「主要な」，built<build「～を建てる」の過去分詞，However「しかし」，closed<close「～を閉鎖する」の過去分詞，because of ～「～のために」，accident「事故」，given<give「～を与える」の過去分詞，比較級＋than any other ～「他のどの～よりも…な」，meter(s)「メートル」，～ high「～の高さで」，middle「中央」，made of ～「～でできた」，expensive「高価な」，millions of ～「何百万もの～」，dollar(s)「ドル」，rainwater「雨水」，fixed<fix「～を修理する，修復する」の過去分詞

(26) 解答 3

質問の訳　「1871 年，ニューヨーク市の主要な鉄道駅の名前は」

選択肢の訳
1 グランドセントラルターミナルだった。
2 グランドセントラル駅だった。
3 グランドセントラルデポだった。
4 メインコンコースだった。

解説　質問の In 1871 に注目する。第 2 段落 1 文目に，When the station was first built in 1871 …, it was called Grand Central Depot. と書かれているので，3 が正解。1 の Grand Central Terminal は現在の名前，2 の Grand Central Station は 1901 年に建てられたときの名前。

(27) 解答 2

質問の訳　「1902 年に何が起こったか」

選択肢の訳
1 グランドセントラルデポが建てられた。
2 グランドセントラル駅でひどい事故があった。
3 新しいグランドセントラルターミナルがオープンした。

4 コーネリアス・ヴァンダービルトという名前の男性が生まれた。

解説 質問にある1902年のことが書かれているのは第2段落の3文目で，その後半の ... because of a big train accident in 1902. に正解が含まれている。a big train accident「大きな列車事故」を，正解2では a bad accident「ひどい事故」と表現している。

(28) 解答 3

質問の訳 「時計はなぜ何百万ドルもかかったのか」

選択肢の訳
1 その中に明るいライトのついた星がたくさんある。
2 その表面に有名な人たちの絵が描かれている。
3 それは高価な石でできている。
4 それは23メートルの高さがある。

解説 cost は「(費用) がかかる」という意味で，過去形も同じ形。第3段落の7文目で In the middle, there is a famous clock made of opal. とオパールでできた時計についての説明があり，8文目で Opal is a very expensive stone, so it cost millions of dollars. と補足している。この2文の内容をまとめている3が正解。~, so ...「~(理由)，だから…(結果)」の構文に注意する。

(29) 解答 1

質問の訳 「メインコンコースで何が清掃され修復されたか」

選択肢の訳 1 天井。 2 ホーム。 3 時計。 4 窓。

解説 cleaned は clean「~を清掃する」，fixed は fix「~を修理する，修復する」の過去分詞。第4段落の3文目に，From 1996 to 1998, the ceiling was cleaned and fixed. とある。the ceiling「その天井」とは，1文目にある the ceiling of the Main Concourse のこと。

(30) 解答 4

質問の訳 「この話は何についてか」

選択肢の訳
1 列車でアメリカ合衆国中を旅して回ること。
2 コーネリアス・ヴァンダービルトの生涯。
3 ニューヨーク市のある新しい美術館。

4 ニューヨーク市のある有名な場所。

解説 タイトルにもある通り，Grand Central Terminal に関する英文。この駅について，第1段落の最初に One of New York City's most famous symbols is Grand Central Terminal. とあるので 4 が正解。2 の Cornelius Vanderbilt は最初の駅を作った人物だが，話題の中心ではない。

一次試験・筆記  問題編 p.64

質問の訳 **「あなたはご飯とパンとでは，どちらをより頻繁に食べますか」**

解答例 I eat bread more often than rice. There are many kinds of delicious bread at my favorite bakery. I also enjoy making sandwiches with my mother for lunch.

解答例の訳 **「私はご飯よりもパンをよく食べます。私のお気に入りのパン屋には，たくさんの種類のおいしいパンがあります。私は昼食に母と一緒にサンドイッチを作ることも楽しみます」**

解説 QUESTION は Which do you eat more often「あなたはどちらをより頻繁に食べますか」で始まり，rice「ご飯，米」と bread「パン」が選択肢として与えられている。1文目で，よく食べる方を I eat rice [bread] more often (than bread [rice]). のように書く。この後に，自分が選んだものをより頻繁に食べる理由を2つあげる。解答例は，(1文目) 自分の考え：ご飯よりもパンをよく食べる→ (2文目) 1つ目の理由：自分のお気に入りのパン屋にたくさんの種類のおいしいパンがある→ (3文目) 2つ目の理由：昼食に母親と一緒にサンドイッチを作って楽しむ，という構成になっている。解答例のように，2番目の理由では also「また」を使って書くと明確な構成になる。全体で25語～35語程度の分量になっているかにも注意しよう。

語句 bread「パン」，more often than ～「～よりも頻繁に」，many kinds of ～「たくさんの種類の～」，delicious「とてもおいしい」，bakery「パン屋」，enjoy ～ing「～することを楽しむ」

例題 解答 3

放送文 ★ : I'm hungry, Annie.
☆ : Me, too. Let's make something.
★ : How about pancakes?
1 On the weekend. 2 For my friends.
3 That's a good idea.

放送文の訳 ★ :「おなかがすいたよ，アニー」
☆ :「私もよ。何か作りましょう」
★ :「パンケーキはどう？」
1 週末に。 2 私の友だちに。
3 それはいい考えね。

No. 1 解答 1

放送文 ★ : Is John's house on this street?
☆ : Yes. We're almost there.
★ : Which side of the street is it on?
1 It's on the left.
2 It's too crowded.
3 It's much bigger.

放送文の訳 ★ :「ジョンの家はこの通りにあるの？」
☆ :「そうよ。もうすぐそこよ」
★ :「通りのどちら側にあるの？」
1 左側よ。
2 そこは込みすぎているわ。
3 それはずっと大きいわ。

解説 〈Which＋名詞〉は「どちらの～」，side は「側」という意味。男性は John's house「ジョンの家」が通りのどちら側にあるかを尋ねているので，on the left「左側に」と答えている 1 が正解。

No. 2 解答 1

放送文 ★：I like the book you lent me.
☆：Did you finish it?
★：No. Can I keep it longer?
1 Sure. Give it back to me next week.
2 Yes. I always study hard.
3 OK. It was five dollars.

放送文の訳 ★：「きみが貸してくれた本を気に入ってるんだ」
☆：「読み終わった？」
★：「ううん。もう少し持っていていい？」
1 いいわよ。来週私に返してね。
2 ええ。私はいつも一生懸命勉強しているわ。
3 わかったわ。それは 5 ドルだったわ。

解説 Can I ～? は「～してもいいですか」と許可を求める表現。ここでの keep it longer は「それ（本）をもっと長く持っている（借りている）」ということ。これに応じた発話は **1** で，Sure.「いいわよ」の後に，Give ～ back「～を返す，戻す」を使って来週返してほしいと伝えている。

No. 3 解答 1

放送文 ☆：Dan, you're late again.
★：I'm sorry, Ms. Jones.
☆：What happened?
1 I didn't hear my alarm clock.
2 I stayed for a week.
3 I'll get a pencil case.

放送文の訳 ☆：「ダン，あなたはまた遅刻よ」
★：「すみません，ジョーンズ先生」
☆：「何があったの？」
1 目覚まし時計が聞こえなかったんです。
2 1 週間滞在しました。
3 筆箱を手に入れます。

解説 イラストと Dan, you're late again. から，ダンが遅刻した状況であることがわかる。ジョーンズ先生は What happened?「何があったの？」とダンが遅刻した理由を尋ねているので，alarm clock「目覚まし時計」が聞こえなかったと答えている **1** が正解。

No.4 解答 3

放送文 ☆：How's your cold?

★：It's a little better today.

☆：Will you be at school tomorrow?

1 That's too bad. **2** You can do it.

3 I'm not sure.

放送文の訳 ☆：「風邪はどう？」

★：「今日は少しよくなったよ」

☆：「明日は学校に来る？」

1 それは大変だね。 **2** きみならそれができるよ。

3 わからないよ。

解説 How's [How is] ～? は「～はどうですか」という意味で，女の子は男の子の cold「風邪」の状態を尋ねている。Will you be at school tomorrow? に応じた発話は **3** で，I'm not sure. は「（明日学校に行けるかどうか）わからない」ということ。

No.5 解答 2

放送文 ☆：We're almost at the restaurant.

★：Great. I'm so hungry.

☆：You're going to love the food.

1 The table by the window.

2 I'm looking forward to it.

3 You're a great cook.

放送文の訳 ☆：「もうすぐレストランに着くわ」

★：「よかった。ぼくはとてもおなかがすいているんだ」

☆：「そこの料理をとても気に入るわよ」

1 窓のそばのテーブル。

2 それを楽しみにしているよ。

3 きみは料理がとてもじょうずだね。

解説 女性の You're going to love the food.「あなたはその（レスト

ランの）料理をとても気に入るわ」に対する適切な応答は2で，I'm looking forward to 〜は「〜を楽しみにしている」という意味。

No. 6　解答 2

放送文 ★：Excuse me.　My drink still hasn't arrived.
☆：I'm sorry, sir.
★：I ordered it 10 minutes ago.
1 I'll clean it for you.
2 I'll go and get it right away.
3 That'll be $20.

放送文の訳 ★：「すみません。私の飲み物がまだ来てないのですが」
☆：「申し訳ございません，お客さま」
★：「10分前に注文しましたよ」
1 お客さまのためにそれをきれいにいたします。
2 すぐにそれを取りに行きます。
3 20ドルになります。

解説 still hasn't arrived は現在完了形の否定文で，「〜がまだ来ていない」という意味。男性の My drink「私の飲み物」が来ていないという状況なので，go and get it「それ（男性の飲み物）を取りに行く」と言っている2が正解。right away は「すぐに」。

No. 7　解答 3

放送文 ★：Thanks for coming, Mom.
☆：No problem.　I hope you have a good game.
★：Is Dad here, too?
1 I'll sit over there.
2 I love all sports.
3 He'll be here soon.

放送文の訳 ★：「来てくれてありがとう，お母さん」
☆：「だいじょうぶよ。いい試合ができるといいね」
★：「お父さんも来ているの？」
1 私はあそこに座るわ。
2 私はすべてのスポーツが大好きよ。

3 お父さんはもうすぐここへ来るわ。

解説 男の子の野球の試合を母親が見に来ている場面。男の子は Is Dad here, too? と父親も来ているかどうか尋ねている。これに答えているのは 3 で，He は Dad を指し，soon は「もうすぐ」という意味。Thanks for ～ing は「～してくれてありがとう」。

No. 8 解答 2

放送文 ☆：I went to see a movie yesterday.

★：Which one?

☆：*The Fisherman's Basket*. Have you seen it?

1 OK, here's your ticket.

2 No, but I want to.

3 Yes, I like popcorn.

放送文の訳 ☆：「昨日，映画を見に行ったの」

★：「どの映画？」

☆：「『フィッシャーマンズバスケット』。もう見た？」

1 わかった，これがきみのチケットだよ。

2 ううん，でも見たいと思ってるんだよ。

3 うん，ぼくはポップコーンが好きだよ。

解説 〈Have you＋過去分詞～(yet)?〉は「（もう）～しましたか」という意味で，it は女の子が見た映画 *The Fisherman's Basket* を指している。正解 2 の I want to は I want to see it のことで，「（その映画をまだ見ていないが）見たいと思っている」ということ。

No. 9 解答 3

放送文 ☆：These cookies are delicious.

★：Thanks. Can you take one to Mom?

☆：Sure. Where is she?

1 She loves to cook.

2 It was in my recipe book.

3 I think she's in the garden.

放送文の訳 ☆：「このクッキーはおいしいわ」

★：「ありがとう。お母さんに 1 つ持って行ってくれる？」

☆：「いいわよ。お母さんはどこにいるの？」

1　お母さんは料理することが大好きだよ。
2　それはぼくの料理本に載っていたよ。
3　お母さんは庭にいると思うよ。

解　説　Where is she? の she は Mom を指していて，女の子は男の子に母親がどこにいるかを尋ねている。in the garden「庭に」いると思うと答えている 3 が正解。delicious は「とてもおいしい」，take one の one は a cookie のこと。

No. 10 解答 3

放送文 ★：Is today your last day at this school, Ms. Warner?
☆：Yes, Billy.
★：We'll really miss you.
1　It was in the library.
2　You got a good score.
3　I'll come back to visit soon.

放送文の訳 ★：「今日が先生のこの学校での最後の日ですか，ウォーナー先生？」
☆：「そうよ，ビリー」
★：「先生がいなくなるとぼくたちは本当に寂しくなります」
1　それは図書館にあったわ。
2　あなたはいい成績を取ったわ。
3　すぐに会いに戻ってくるわ。

解　説　last day at this school「この学校での最後の日」を迎えたウォーナー先生に男子生徒が話しかけている。miss は「～がいないのを寂しく思う」という意味。We'll really miss you. に続く発話は 3 で，先生は come back to visit「会いに戻ってくる」と答えている。

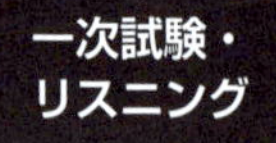

問題編 p.67～68

No. 11 解答 3

放送文 ★：Hi, I'd like a ticket for the 12:15 train to New York.
☆：I'm afraid it just left, sir.

★：Oh no!　When's the next train?

☆：In 45 minutes.　It leaves at 1 p.m.

Question: When will the next train leave?

放送文の訳 ★：「こんにちは，ニューヨーク行き12時15分の列車の切符をお願いします」

☆：「あいにくその列車はたった今出発してしまいました，お客さま」

★：「うわあ！　次の列車はいつですか」

☆：「45分後です。午後1時に出発します」

質問の訳 「次の列車はいつ出発するか」

選択肢の訳 1 午後12時15分に。　2 午後12時50分に。
3 午後1時に。　4 午後1時45分に。

解　説 列車の切符売り場での会話。男性の When's the next train? という質問に，女性は In 45 minutes. と答えた後で It leaves at 1 p.m. と続けているので，**3** が正解。leave(s) は「出発する」という意味。**1** の 12:15 p.m. は，男性が当初乗ろうとしていた列車の出発時刻。

No. 12 解答 1

放送文 ★：Meg, let's play tennis at the park on Saturday.

☆：I thought your tennis racket was broken, Jonathan.

★：I got a new one yesterday.　It's really nice.

☆：That's great.　Let's meet at nine.

Question: What does Jonathan want to do on Saturday?

放送文の訳 ★：「メグ，土曜日に公園でテニスをしようよ」

☆：「あなたのテニスラケットは壊れていると思ってたわ，ジョナサン」

★：「昨日，新しいラケットを買ったんだ。とてもいいよ」

☆：「それはよかったわね。9時に会いましょう」

質問の訳 「ジョナサンは土曜日に何をしたいか」

選択肢の訳 1 メグとテニスをする。　2 テレビでテニスを見る。
3 メグと買い物に行く。　4 新しいテニスラケットを買う。

解　説 ジョナサンは最初に，Meg, let's play tennis at the park on Saturday. と言ってメグをテニスに誘っているので，**1** が正解。let's ～(動詞の原形) は「～しましょう」という意味で，相手を誘うときの表現。4 の Buy a new tennis racket. はジョナサンが昨日したこと。

No. 13 解答 4

放送文 ☆：How was your trip to the mountains?
★：We couldn't ski. There wasn't enough snow.
☆：Oh no! What did you do?
★：We went hiking.
Question: Why couldn't the man go skiing?

放送文の訳 ☆：「山への旅行はどうだった？」
★：「スキーはできなかったよ。十分な雪がなかったんだ」
☆：「あらー！ 何をしたの？」
★：「ぼくたちはハイキングに行ったよ」

質問の訳 「男性はなぜスキーに行くことができなかったか」

選択肢の訳
1 料金が高すぎた。
2 彼は山から遠いところにいた。
3 彼は頭痛がひどかった。
4 十分な雪がなかった。

解説 男性の trip to the mountains「山への旅行」が話題。男性は We couldn't ski. の後に，その理由を There wasn't enough snow. と説明しているので，4 が正解。There wasn't ～は「～がなかった」，enough は「十分な」という意味。

No. 14 解答 2

放送文 ☆：What are you going to do this weekend, Ted?
★：My grandfather is coming to visit.
☆：Are you going anywhere together?
★：Yeah, we'll go to the zoo.
Question: What will Ted do this weekend?

放送文の訳 ☆：「今週末は何をするの，テッド？」
★：「祖父が訪ねてくるんだ」
☆：「一緒にどこかへ行くの？」
★：「うん，動物園へ行くよ」

質問の訳 「テッドは今週末に何をするか」

選択肢の訳　1 友だちと遊ぶ。　2 動物園を訪れる。
3 彼の祖父の家へ行く。　4 彼の友だちと旅行に行く。

解説　テッドの this weekend「今週末」の予定が話題。My grandfather is coming to visit. と we'll go to the zoo から，祖父が来て一緒に zoo「動物園」へ行くことがわかるので，2 が正解。anywhere は「どこかへ」，together は「一緒に」という意味。

No. 15 解答 2

放送文
★：I'm going to drive you to school today, Ann. Did you have breakfast?
☆：Yes, Dad. And I brushed my teeth and washed my face.
★：All right. Get your books.
☆：OK.
Question: What does Ann's father tell her to do?

放送文の訳
★：「今日は学校まで車で送っていくよ，アン。朝食は食べた？」
☆：「うん，お父さん。それと，歯を磨いて顔を洗ったわ」
★：「わかった。本を取っておいで」
☆：「わかったわ」

質問の訳　「アンの父親はアンに何をするように言っているか」

選択肢の訳　1 朝食を食べる。　2 彼女の本を取ってくる。
3 歯を磨く。　4 顔を洗う。

解説　質問の〈tell＋(人)＋to ～〉は「(人) に～するように言う」という意味。父親はアンに Get your books. と言っている。ここでの get は「～を取ってくる，持つ」という意味。1，3，4 はいずれもすでにアンがしたこと。

No. 16 解答 3

放送文
★：How was the sale?
☆：Great. Hats were only $10 each, so I decided to get one.
★：That's cheap.
☆：I also got four pairs of socks for $15.
Question: How much was the hat?

放送文の訳
★：「セールはどうだった？」
☆：「とてもよかったわ。帽子がそれぞれたった 10 ドルだったから，

1つ買うことにしたの」
★：「それは安いね」
☆：「靴下4足も15ドルで買ったわ」

質問の訳　「帽子はいくらだったか」

選択肢の訳　1　1ドル。　2　4ドル。　3　10ドル。　4　15ドル。

解　説　Hats were only $10 each から3が正解。$10はten dollarsと読む。eachは「それぞれ，1つにつき」という意味。4のFifteen dollars.はfour pairs of socks「靴下4足」の値段なので，不正解。2つ出てくる値段を混同しないように注意する。

No. 17 解答 2

放送文　★：Did you enjoy watching the soccer game?
☆：I was sick, so my mother said I couldn't go.
★：That's too bad. Who did you give your ticket to?
☆：My brother. He said it was a good game.
Question: Who went to the soccer game?

放送文の訳　★：「サッカーの試合を見て楽しんだ？」
☆：「具合が悪かったので，母が私は行ってはいけないって言ったの」
★：「それは残念だったね。きみのチケットは誰にあげたの？」
☆：「兄[弟]よ。兄[弟]はいい試合だったって言ってたわ」

質問の訳　「誰がサッカーの試合へ行ったか」

選択肢の訳　1　女の子。　2　女の子の兄[弟]。
3　女の子の母親。　4　女の子の祖母。

解　説　Who did you give your ticket to?に女の子はMy brother.と答えていること，さらに続けてHe said it was a good game.と言っていることから，サッカーの試合へ行ったのは女の子からticket「チケット」をもらった兄[弟]だとわかる。

No. 18 解答 1

放送文　☆：Can I help you?
★：Yes, I'd like to borrow these books. Here's my card.
☆：Thanks. Please bring them back by July 17.
★：OK, thank you.
Question: Where are they talking?

放送文の訳 ☆：「ご用件をお伺いいたしましょうか」
★：「はい，これらの本を借りたいのですが。これが私のカードです」
☆：「ありがとうございます。本は7月17日までにご返却ください」
★：「わかりました，ありがとうございます」

質問の訳 「彼らはどこで話しているか」

選択肢の訳
1 図書館で。
2 コンビニエンスストアで。
3 郵便局で。
4 銀行で。

解　説 男の子の borrow these books「これらの本を借りる」や，女性の bring them back by ～「～までにそれら（本）を返却する」などから，男の子が library「図書館」で本を借りようとしている場面だとわかる。

No. 19 解答 1

放送文 ★：Where's Sam?
☆：He's still at his friend's house. I have to go and pick him up at six.
★：I'll make dinner, then.
☆：Thanks, honey.
Question: What does the woman need to do?

放送文の訳 ★：「サムはどこにいるの？」
☆：「まだ友だちの家にいるわ。私が6時に迎えに行かなくちゃいけないの」
★：「それならぼくが夕食を作るよ」
☆：「ありがとう，あなた」

質問の訳 「女性は何をする必要があるか」

選択肢の訳
1 サムを迎えに行く。
2 家を掃除する。
3 夕食を買う。
4 友だちに電話をする。

解　説 女性は，サムが at his friend's house「友だちの家に」いるので，6時に I have to go and pick him up と言っている。(go and) pick ～ up は「～を迎えに行く」という意味。have to ～「～しなければならない」は，質問では need to ～に置き換えられている。男性の then「それなら」とは，「6時にサムを迎えに行くなら」ということ。

No. 20 解答 3

放送文 ★：Do you have your passport and ticket?
☆：Yes, but I can't find my watch.
★：Did you look in the car?
☆：Yes, it wasn't there.
Question: What is the woman looking for?

放送文の訳 ★：「きみのパスポートと航空券は持った？」
☆：「ええ，でも腕時計が見つからないの」
★：「車の中を見た？」
☆：「ええ，そこにはなかったわ」

質問の訳 「女性は何を探しているか」

選択肢の訳
1 彼女のパスポート。 2 彼女の航空券。
3 彼女の腕時計。 4 彼女の車の鍵。

解説 質問の is ... looking for は look for「～を探す」の現在進行形。I can't find my watch から，女性が探しているのは自分の watch「腕時計」だとわかる。Do you have your passport and ticket? に女性は Yes と答えているので，1 や 2 はすでに持っている。

一次試験・リスニング 第3部 問題編 p.69～70

No. 21 解答 1

放送文 Last Sunday, my dad and I went fishing on Lake George. We arrived early in the morning. We caught three fish and ate them for lunch. It was fun.
Question: What is the boy talking about?

放送文の訳 「先週の日曜日，父とぼくはジョージ湖へ釣りに行った。ぼくたちは朝早くに着いた。3匹の魚を釣って，それを昼食に食べた。楽しかった」

質問の訳 「男の子は何について話しているか」

選択肢の訳
1 釣りに行ったこと。 2 昼食を買ったこと。
3 彼の父親の仕事。 4 彼の大好きな魚。

解説 1文目のLast Sunday, my dad and I went fishing on Lake George.で話題が示されている。これ以降，釣りに行ったときのことを説明している。caught は catch「～を捕まえる，釣る」の，ate は eat「～を食べる」の過去形。

No. 22 解答 3

放送文 Mr. Kato studies English three times a week. Next month, he's moving to London. He's going to work there for a year. He is excited about living in London.
Question: How long will Mr. Kato be in London?

放送文の訳 「カトウさんは週に3回英語を勉強している。来月，彼はロンドンへ引っ越しをする。そこで1年間仕事をすることになっている。彼はロンドンに住むことについてわくわくしている」

質問の訳 「カトウさんはどれくらいの期間ロンドンにいる予定か」

選択肢の訳 1 1週間。 2 3週間。 3 1年間。 4 3年間。

解説 Next month, he's moving to London. からカトウさんが来月ロンドンへ引っ越しをすること，次の He's going to work there for a year. からロンドンで1年間働く予定であることがわかる。there は in London のこと。

No. 23 解答 4

放送文 Steve went shopping with his grandfather last Saturday. At the supermarket, Steve saw a friend from school. She was with her parents. Steve said hello to them.
Question: Who did Steve go shopping with last Saturday?

放送文の訳 「スティーブは先週の土曜日，祖父と一緒に買い物に行った。スーパーマーケットで，スティーブは学校の友だちを見かけた。彼女は両親と一緒だった。スティーブは彼らにあいさつをした」

質問の訳 「スティーブは先週の土曜日に誰と買い物に行ったか」

選択肢の訳 1 彼の友だち。 2 彼の友だちの両親。
3 彼の父親。 4 彼の祖父。

解説 最初のSteve went shopping with his grandfather last Saturday. から判断する。went は go の過去形で，go shopping は「買い物に行く」という意味。1 の His friend. や 2 の His friend's parents. は supermarket「スーパーマーケット」で会った人たちなので不正解。

No. 24 解答 1

放送文

I was born in Canada and grew up there. After college, I traveled around Europe and also visited many countries in Asia. Last year, I got a job in Sydney, Australia, and now I live there.

Question: Where does the woman live now?

放送文の訳

「私はカナダで生まれ，そこで育った。大学を出た後，ヨーロッパを旅して，アジアのたくさんの国々も訪れた。昨年，私はオーストラリアのシドニーで仕事を得て，今はそこに住んでいる」

質問の訳

「女性は今どこに住んでいるか」

選択肢の訳

1 オーストラリアに。　2 カナダに。

3 ヨーロッパに。　4 アジアに。

解説

質問の now を聞き逃さないようにする。最後に … now I live there. とあるが，there はその前に出てくる in Sydney, Australia を指しているので，1 が正解。2 の Canada は生まれ育った国，3 の Europe と 4 の Asia は大学を出た後に旅したところ。grew は grow の過去形で，grow up で「育つ」という意味。

No. 25 解答 3

放送文

I work in a small Italian place in Los Angeles. We often have famous customers. I make soups and salads. My boss is teaching me how to make other dishes, too.

Question: What is the man's job?

放送文の訳

「私はロサンゼルスにある小さなイタリア料理店で働いている。私たちのところには有名な客がよく来る。私はスープとサラダを作る。私の上司は，他の料理の作り方も私に教えてくれている」

質問の訳

「男性の仕事は何か」

選択肢の訳

1 彼は大工である。　2 彼は俳優である。

3 彼はコックである。　4 彼は教師である。

解説

1 文目に I work in a small Italian place とあるが，3 文目に I make soups and salads. とあることから，place は料理を出すと

ころで，男性は cook「コック，料理人」であることがわかる。dish(es) は「料理」という意味。

No. 26 解答 3

放送文　My swimming club sold doughnuts at the school festival yesterday. We made 100 doughnuts, but we only sold 85. We ate the other 15 ourselves. They were delicious.
Question: How many doughnuts did the swimming club sell yesterday?

放送文の訳　**「私の水泳クラブは昨日の学園祭でドーナツを売った。私たちは100 個ドーナツを作ったが，85 個しか売らなかった。私たちは残りの 15 個を自分たちで食べた。それらはとてもおいしかった」**

質問の訳　**「水泳クラブは昨日，いくつのドーナツを売ったか」**

選択肢の訳　**1　15 個。　2　50 個。　3　85 個。　4　100 個。**

解説　school festival「学園祭，文化祭」で作ったドーナツの数を説明している We made 100 (=one hundred) doughnuts と，実際に売った数を説明している we only sold 85 (=eighty-five) を聞き分けるようにする。sold は sell「～を売る」の過去形。

No. 27 解答 2

放送文　Fiona wants to save some money. She loves books and magazines, so yesterday she went to the bookstore to ask about a job. She hopes to work there.
Question: Why did Fiona go to the bookstore yesterday?

放送文の訳　**「フィオナはいくらかお金を貯めたいと思っている。彼女は本と雑誌が大好きなので，昨日，仕事について尋ねるために書店へ行った。彼女はそこで働くことを希望している」**

質問の訳　**「フィオナは昨日なぜ書店へ行ったか」**

選択肢の訳　**1　本を買うため。　2　仕事について尋ねるため。**
3　雑誌を探すため。　4　作家に会うため。

解説　2 文目の後半に … so yesterday she went to the bookstore とあり，続けてその目的が to ask about a job と説明されている。ここでの to ～(動詞の原形) は，「～するために」と目的を表す用法。save money は「お金を貯める，貯金する」という意味。

No. 28 解答 1

放送文

Tom lives near a forest. He loves nature, and he's really interested in snakes. Yesterday, he saw one outside his house. He was excited, but a little scared, too.

Question: What happened yesterday?

放送文の訳

「トムは森の近くに住んでいる。彼は自然が大好きで，ヘビにとても興味がある。昨日，彼は家の外で一匹見かけた。彼はわくわくしたが，少し怖い気持ちにもなった」

質問の訳

「昨日何が起こったか」

選択肢の訳

1 トムがヘビを見かけた。
2 トムが怖い映画を見た。
3 トムが家を掃除した。
4 トムが森の中で道に迷った。

解説

質問の happened は happen「起こる」の過去形。3 文目の Yesterday, he saw one outside his house. から，**1** が正解。one は 2 文目の snakes を受けて a snake「1 匹のヘビ」の代わりに使われている。forest は「森」，scared は「怖がって」という意味。

No. 29 解答 4

放送文

Attention, everyone. Today's baseball game was going to start at 5:30, but because of the heavy rain this afternoon, it'll start at 6:30. Please wait one hour.

Question: When will the baseball game start?

放送文の訳

「みなさまにお知らせいたします。本日の野球の試合は 5 時 30 分に始まる予定でしたが，本日午後の大雨のため，6 時 30 分に開始いたします。1 時間お待ちください」

質問の訳

「野球の試合はいつ始まるか」

選択肢の訳

1 1 時に。
2 5 時 30 分に。
3 6 時に。
4 6 時 30 分に。

解説

Attention, ～「～にお知らせいたします」で始まる案内放送。it'll start at 6:30 から **4** が正解。Today's baseball game was going to start at 5:30 とあるので，**2** の 5:30 は当初の開始予定時刻。because of ～は「～のために」，heavy rain は「大雨」。

No. 30 解答 2

放送文　I wanted to visit Italy last summer, but my husband didn't want to go. He loves French art, so we went to France instead. We had a great time.

Question: What did the woman do last summer?

放送文の訳　「私は昨年の夏にイタリアを訪れたかったが，私の夫は行きたくなかった。彼はフランス芸術が大好きなので，私たちは代わりにフランスへ行った。私たちはとても楽しい時間を過ごした」

質問の訳　「女性は昨年の夏に何をしたか」

選択肢の訳
1 彼女は芸術の授業を受けた。
2 彼女はフランスを訪れた。
3 彼女は夫の家族に会った。
4 彼女はイタリア語を勉強した。

解　説　I wanted to ～, but …「私は～したかったが…」の流れに注意する。女性は Italy「イタリア」に行きたかったが，実際に husband「夫」とどこへ行ったかは … so we went to France instead. で説明されている。instead は「(イタリアの) 代わりに」ということ。

全訳

国際的なスーパーマーケット

日本にはたくさんの国際的なスーパーマーケットがある。国際的なスーパーマーケットではいろいろな国々の興味深い食品を売っているので，多くの人たちに人気がある。このような店の食品は値段が高いこともある。

質問の訳

No.1　パッセージを見てください。なぜ国際的なスーパーマーケットは多くの人たちに人気がありますか。

No.2　イラストを見てください。カップはどこにありますか。

No.3　帽子をかぶった男性を見てください。彼は何をしていますか。

さて，～さん，カードを裏返しにしてください。

No.4　あなたは今晩何をする予定ですか。

No.5　あなたは何かペットを飼っていますか。

はい。　→ もっと説明してください。

いいえ。→ あなたはどのような種類のペットを飼いたいですか。

No. 1

解答例

Because they sell interesting food from different countries.

解答例の訳

「そこではいろいろな国々の興味深い食品を売っているからです」

解説

international は「国際的な」，be popular with ～は「～に人気がある」という意味。2 文目に正解が含まれているが，解答する際，①質問の主語と重なる International supermarkets を 3 人称複数の代名詞 they に置き換える，②文の後半 so they are popular with many people「だから，それらは多くの人たちに人気がある」は質問と重なる内容なので省く，という 2 点に注意する。

No. 2

解答例

They're on the table.

解答例の訳

「テーブルの上にあります」

解説

質問は Where「どこに」で始まり，cups「カップ」がある場所を尋ねている。解答する際は，質問の主語 the cups を 3 人称複数の代名詞 They に置き換える。動詞は質問と同じ are を使って，They're [They are] とする。2つのカップはテーブルの上にあるので，They're の後に on the table を続ける。on は「～の上に」を意味する前置詞。

No. 3

解答例 He's buying pizza.

解答例の訳 **「彼はピザを買っています」**

解説 イラスト中の the man wearing a hat「帽子をかぶった男性」に関する質問。質問の What is ～ doing? は，「～は何をしていますか」という現在進行形の疑問文。「ピザを買う」は buy pizza で，質問に合わせて He's [He is] buying pizza. という現在進行形で答える。

No. 4

解答例 I'm planning to cook dinner.

解答例の訳 **「私は夕食を作る予定です」**

解説 plan to ～は「～する予定である」という意味で，質問では What are you planning to do …? と現在進行形になっている。this evening「今晩」の予定を，質問に合わせて I'm planning to ～（動詞の原形）の形で答える。

No. 5

解答例 Yes. → Please tell me more.

— I have a bird.

No. → What kind of pet would you like to have?

— I'd like to have a hamster.

解答例の訳 **「はい」→ もっと説明してください。**

—「私は鳥を飼っています」

「いいえ」→ あなたはどのような種類のペットを飼いたいですか。

—「私はハムスターを飼いたいです」

解説 最初の質問には，pets「ペット」を飼っているかどうかを Yes(, I do). / No(, I don't). で答える。Yes の場合の2番目の質問 Please tell me more. には，自分が飼っているペットが何かなどを答えればよい。No の場合の2番目の質問の What kind of ～は「どのような種類の～」という意味で，自分が飼いたいと思っているペットを I'd [I would] like to have 〜の形で答える。解答例の他に，(Yes の場合) I have two dogs.「私は犬を 2 匹飼っています」，(No の場合) I'd like to have a cat.「私はネコを飼いたいです」や I don't want to have any pets.「私はどのようなペットも飼いたいとは思いません」のような解答も考えられる。

二次試験・面接   問題編 p.74〜75 

全訳

コンサート

ステージ上の有名な歌手やバンドを見るのはわくわくする。多くの人たちは友だちと一緒にコンサートへ行くことを楽しむが，1 人でコンサートを見ることが好きな人たちもいる。音楽祭は夏によく屋外で開催される。

質問の訳

No.1　パッセージを見てください。一部の人たちは何をすることが好きですか。

No.2　イラストを見てください。男性は両手に何を持っていますか。

No.3　長い髪の女性を見てください。彼女は何をしていますか。

さて，〜さん，カードを裏返しにしてください。

No.4　あなたは毎晩，何時間寝ますか。

No.5　あなたはテレビを見て楽しみますか。

はい。　→ もっと説明してください。

いいえ。→ あなたは夕食後に何をすることが好きですか。

No. 1

解答例　They like watching concerts alone.

解答例の訳　「1 人でコンサートを見ることが好きです」

解説　like 〜ing は「〜することが好きだ」という意味。2 文目の but 以降に正解が含まれているが，解答する際，①質問の主語と重なる some people を 3 人称複数の代名詞 They に置き換える，②文の前半 Many people enjoy going to concerts with their friends「多くの人たちは友だちと一緒にコンサートへ行くことを楽しむ」は some people ではなく many people についてなので含めない，という2点に注意する。

No. 2

解答例　He has a newspaper.

解答例の訳　**「彼は新聞を持っています」**

解　説　イラスト中の男性に関する質問で，in his hands は「彼の両手に」という意味。解答する際は，質問の主語 the man を3人称単数の代名詞 He に置き換える。質問の動詞は have だが，解答では主語が He の肯定文なので has を使う。男性は両手に新聞を持っているので，has の後にその目的語となる a newspaper を続ける。

No. 3

解答例　She's talking on her phone.

解答例の訳　**「彼女は電話で話しています」**

解　説　イラスト中の the woman with long hair「長い髪の女性」に関する質問。質問の What is ～ doing? は，「～は何をしていますか」という現在進行形の疑問文。「電話で話す」は talk on *one's* [the] phone で，質問に合わせて She's [She is] talking on her [the] phone. という現在進行形で答える。

No. 4

解答例　I sleep about eight hours.

解答例の訳　**「私は8時間くらい寝ます」**

解　説　〈How many＋複数名詞〉は数を尋ねる表現，hour(s) は「時間」という意味。毎晩何時間寝ているかを，I sleep about ～ hours.「～時間くらい寝ています」や I sleep for ～ hours.「～時間寝ています」の形で答える。

No. 5

解答例　Yes. → Please tell me more.
　— I like cooking shows.
No. → What do you like to do after dinner?
　— I listen to music.

解答例の訳　**「はい」→ もっと説明してください。**
　—「私は料理番組が好きです」
「いいえ」→ あなたは夕食後に何をすることが好きですか。
　—「私は音楽を聞きます」

解 説

enjoy ～ing は「～することを楽しむ」という意味で，最初の質問には watching TV「テレビを見ること」を楽しむかどうかを Yes(, I do). / No(, I don't). で答える。Yes の場合の 2 番目の質問 Please tell me more. には，いつ，どのような番組を見ることが好きかなどを答えればよい。No の場合の 2 番目の質問 What do you like to do after dinner? には，after dinner「夕食後」に何をするのが好きかを I ～ や I like to ～ の形で答える。解答例の他に，（Yes の場合）I often watch baseball games on TV.「私はよくテレビで野球の試合を見ます」，(No の場合）I like to read books.「私は本を読むことが好きです」のような解答も考えられる。

2019-1

解答一覧

一次試験・筆記

1

(1)	1	(6)	3	(11)	1
(2)	2	(7)	3	(12)	3
(3)	4	(8)	2	(13)	1
(4)	1	(9)	4	(14)	2
(5)	1	(10)	2	(15)	3

2

(16)	1	(18)	3	(20)	2
(17)	1	(19)	4		

3 A

(21)	3
(22)	1

3 B

(23)	1
(24)	4
(25)	1

3 C

(26)	2	(28)	3	(30)	2
(27)	3	(29)	1		

4 解答例は本文参照

一次試験・リスニング

第1部

No. 1	1	No. 5	2	No. 9	1
No. 2	3	No. 6	2	No.10	2
No. 3	1	No. 7	1		
No. 4	3	No. 8	3		

第2部

No.11	1	No.15	4	No.19	2
No.12	3	No.16	1	No.20	1
No.13	3	No.17	4		
No.14	2	No.18	1		

第3部

No.21	2	No.25	1	No.29	1
No.22	3	No.26	1	No.30	2
No.23	4	No.27	4		
No.24	4	No.28	4		

(1) 解答 1

訳 A「釣りに行くのは好き？」
B「ううん，釣りは退屈だと思う」

解説 Do you like to go fishing? に B は No と答えているので，釣りが好きではない理由となる boring「退屈な」が正解。exciting「わくわくする」，enjoyable「楽しい」，glad「うれしい」。

(2) 解答 2

訳 「アンディーは大きな建物の 6 階に住んでいる。彼の友だちのデイビッドはその下の 5 階のアパートに住んでいる」

解説 アンディーが住んでいるのは the sixth floor「6 階」で，デイビッドはその下の the fifth floor「5 階」に住んでいるので，below「下に[へ，の]」が正解。back「後ろに」，before「以前に」，later「後で」。

(3) 解答 4

訳 A「この箱の中にペンは何本あるの？」
B「わからないわ。数えて確かめてみましょう」

解説 How many ～(複数名詞) は数を尋ねる表現。ペンの本数について B は I don't know. と答えているので，Let's count them「それら（＝ペン）を数えてみましょう」という流れになる。invite「～を招待する」，break「～を壊す」，turn「～を回す」。

(4) 解答 1

訳 A「きみはすばらしい家を持っているね，クララ」
B「ありがとう。父がそれを設計したの」

解説 空所後の it はクララの home「家」を指している。これにつながる動詞は，design「～を設計する，デザインする」の過去形 designed。2，3，4 は bring「～を持ってくる」，share「～を共有する」，write「～を書く」の過去形。

(5) 解答 1

訳 「フットボールの試合は7時に始まるので，6時15分に駅の外で会おう」

解説 football はアメリカでは「フットボール」，イギリスでは「サッカー」を指す。試合が7時に始まるので，6時15分に meet「会う」という流れ。make「作る」，come「来る」，show「見える」。

(6) 解答 3

訳 「大勢の人の前で話すときは，大きな声で話さなければならない」

解説 When you speak in front of many people「大勢の人の前で話すとき」に関する内容であることと，空所後の voice「声」とのつながりから，loud「大きな」が正解。tall「背が高い」，long「長い」，wide「(幅が) 広い」。

(7) 解答 3

訳 「芸術コンテストで優勝すれば，賞を受け取ることになります」

解説 prize は「賞，賞金」という意味で，これにつながる動詞は receive「～を受け取る」。invite「～を招待する」，guess「～を推測する」，serve「(食事や飲み物など) を出す」。

(8) 解答 2

訳 A「野球の試合のチケットを2枚手に入れたんだ。ぼくと一緒に来ない？」
B「いいわね。とても行きたいわ」

解説 空所後の don't you に注目し，相手を誘う Why don't you ～?「～しませんか」という表現にする。ここでの Why は「なぜ」という意味ではないことに注意する。How「どのように」，What「何」，When「いつ」。

(9) 解答 4

訳 「私は普段7時に起きて，9時から10時の間に寝る」

解説 空所後に nine and ten「9時と10時」があるので，between A and B「A と[から]B の間に」という表現にする。get up は「起きる」，go to bed は「寝る」という意味。before「～の前に」，on「～の上に」，still「まだ」。

(10) 解答 2

訳　「ナンシーはお金を貯めたいので，今週は外食しないつもりだ」

解説　空所前後の go と to eat とのつながりを考えて，go out to eat「食事をしに外出する→外食する」という表現を作る。save money は「お金を貯める」という意味。near「～の近くに」，by「～のそばに」，down「下に」。

(11) 解答 1

訳　「先週末に両親が私たちをキャンプに連れていってくれたとき，私たちはとても楽しい時間を過ごした」

解説　空所後の a lot of fun につながる動詞は have の過去形 had で，have (a lot of) fun で「(とても) 楽しい時間を過ごす」という意味。2，3，4 は do「(～を) する」，play「～をする，演奏する」，get「～を得る」の過去形。

(12) 解答 3

訳　「私の学校では，人々は校舎の中に入るときに靴を脱がなければならない」

解説　空所後の off their shoes とのつながりを考えて，take off ～「～を脱ぐ」とする。school building は「校舎」という意味。have「～を持っている」，make「～を作る」，bring「～を持ってくる」。

(13) 解答 1

訳　「私の兄[弟]はミュージシャンだ。彼は私にギターの弾き方を教えてくれることになっている」

解説　musician「ミュージシャン，音楽家」である兄[弟]が教えてくれるのは，how to play the guitar「ギターの弾き方」。〈how to＋動詞の原形〉で「～のしかた[方法]」という意味の表現になる。

(14) 解答 2

訳　「もしフランクが今日の練習でひざをけがしたら，週末のサッカー大会ではプレーできないだろう」

解説 injure「～をけがする」の形がポイントの問題。If 節の主語は3人称単数の Frank なので，主語に合わせて injures とする。won't は will not の短縮形，be able to ～は「～することができる」という意味。

(15) 解答 3

訳 A「あそこでバナナを食べているサルを見て」
B「あら，とてもかわいいわ」

解説 空所以降が直前の the monkey「サル」を修飾する関係を作るために，動詞 eat「～を食べる」を現在分詞 eating「～を食べている」とする必要がある。over there は「あそこで」という意味。

一次試験・筆記 2 問題編 p.80

(16) 解答 1

訳 娘「今日の期末試験でよい成績が取れるといいんだけど」
母親「心配はいらないわ。あなたは一生懸命勉強したんだから，うまくいくわよ」

解説 娘の I hope ～は「～だといいんだけど」，do well on an exam [a test] は「試験[テスト]でよい成績を取る」という意味。母親の You studied hard, so you'll do well. と意味的につながるのは1の Don't worry. で，一生懸命勉強したので「心配はいらない」ということ。

(17) 解答 1

訳 女性「昨夜，ママ・デルズというレストランへ行ったの。聞いたことある？」
男性「うん。ぼくの友だちがそこはとてもおいしいって言ってたよ」

解説 女性が行ったレストラン Mama Dell's が話題。男性の Yes. My friend said it's delicious. につながるのは1で，Have you heard of ～? は「～のことを聞いたことがありますか」という意味。heard は hear「聞く」の過去分詞。

(18) 解答 3

訳 父親「今日の気分はどう，ポール？」
息子「あまりよくないよ。まだ熱があるんだ」

解説 How are you feeling? は相手の気分や体調を尋ねる表現。息子はまだ fever「熱」があると言っているので，**3** が正解。not so ～は「あまり～ではない」ということ。**2** の Not at the moment. は「今のところはそうではない」という意味。

(19) 解答 4

訳 娘　「私を公園へ連れて行ってくれない，お母さん？」
母親「寒すぎて外では遊べないわ。代わりに映画を見ましょう」

解説 娘の Can you ～?「～してくれませんか」は依頼する表現。母親は instead「代わりに」を使って watch a movie「映画を見る」ことを提案しているので，公園へは行かない理由になっている **4** が正解。too ～ to …「～すぎて…できない」という意味。

(20) 解答 2

訳 男性「もうすぐオーストラリアへ行くんじゃないの？」
女性「そうよ。月曜日の朝に出発するので，今週末に準備しなくちゃいけないの」

解説 空所後に so「だから」があるので，空所に入る内容が I have to get ready this weekend「今週末に準備しなければならない」の理由になることが予想できる。正解 **2** の現在進行形 I'm leaving ～は近い未来を表す用法。

一次試験・筆記 3A

問題編 p.82～83

ポイント さまざまな日本映画を上映する，日本映画フェスティバルを案内する映画館の掲示。フェスティバルの具体的な内容とともに，日時や場所，チケット料金などに注意して，情報を整理しながら読もう。

全訳

日本映画フェスティバル

サンタウン映画館へお越しいただき，すばらしい日本映画をお楽しみください！　コメディー，ドラマ，ホラー映画，その他多数を上映いたします。

時： 7月10日から7月20日

場所： サンタウン映画館，ウィルソン通り21番地

チケット料金： 大人－15ドル　学生と子ども－10ドル

各チケットには無料で日本の緑茶のボトル1本がついてきます。フェスティバルは7月10日に「カラオケキング」というコメディーから始まります。その上映開始前に，有名な俳優であるサトウ・アキラが映画館へ来て，映画について話します。このイベントに参加したい方は，すぐにチケットをお買い求めください！

詳細は当館のウェブサイトをご確認ください：

www.suntowntheater.com

語句

amazing「すばらしい」，comedies＜comedy「コメディー」の複数形，horror movie(s)「ホラー映画」，children＜child「子ども」の複数形，a bottle of ～「ボトル1本の～」，green tea「緑茶」，begin with ～「～から始まる」，actor「俳優」，attend「～に参加する，出席する」，website「ウェブサイト」

(21) 解答 3

質問の訳　「人々はチケットを買うと何がもらえるか」

選択肢の訳
1 日本のお菓子。
2 「カラオケキング」のDVD。
3 ボトル1本のお茶。
4 映画のポスター。

解説　掲示のTicket Prices「チケット料金」の下に，You'll be given a free bottle of Japanese green tea with each ticket. とある。given は give の過去分詞で，You'll be given ～は「～を与えられる」，つまり「～がもらえる」ということ。

(22) 解答 1

質問の訳　「7月10日に何が起こるか」

選択肢の訳

1 サトウ・アキラが「カラオケキング」について話をする。
2 映画フェスティバルが終わる。
3 サンタウン映画館でカラオケのコンテストがある。
4 サンタウン映画館が閉館する。

解 説

On July 10, the festival will begin with … の次に，The famous actor, Akira Sato, will … talk about the movie before it starts. とある。the movie は，前文にある a comedy called *Karaoke King* を指している。正解 **1** の give a talk about ～「～について話をする，講演を行う」は，掲示の talk about ～「～について話す」とほぼ同じ意味。

一次試験・筆記 3B 問題編 p.84～85

ポイント

夏休みに入ったマイクが祖母に送った E メールと，祖母からの返信。マイクがテレビゲームを買うお金を得るために最初にしたこと，次に考えついたアイディアと祖母への質問，その質問に対する祖母の返信内容などを中心に読み取ろう。

全 訳

送信者：マイク・コステロ
受信者：ローズ・コステロ
日付：6 月 25 日
件名：新しいアイディア
こんにちは，おばあちゃん，
元気ですか？　学校が先週終わったので，今ぼくは夏休み中です。毎日，テレビゲームをしたり，プールへ泳ぎに行ったりしています。お父さんに新しいゲームを買うためのお金を頼みましたが，お父さんはダメだと言いました。お父さんは，ぼくはアルバイトを見つけるべきだと言いました。ぼくは今 17 歳なので，お父さんの言うとおりかもしれません。ともかく，ぼくにはアイディアがあります。自分自身のビジネスを始めることにしました。人々の車を洗うつもりです。家々を訪ねて，1 台 10 ドルで洗車します。すでにお母さんとお父さんの友だち何人かに聞いて，その人たちは興味があると言ってくれました。おばあちゃんはどうですか？

そのうちぼくにおばあちゃんの車を洗ってほしいですか？
それでは，
マイク

送信者：ローズ・コステロ
受信者：マイク・コステロ
日付：6月25日
件名：今週の土曜日
こんにちは，マイク，
Eメールをありがとう。あなたが夏休みを楽しんでいると聞いてうれしいわ。昨日，お母さんから電話があったの。お母さんは，あなたがこの前の数学のテストでいい成績を取らなかったので心配だと言ってたわ。きっと次回はもっとよくできると思うわ。それはすばらしいビジネスのアイディアね。私のために車を洗いに来てくれるかしら？　普段はおじいちゃんが洗車するんだけど，おじいちゃんは年を取ってきたの。近ごろはおじいちゃんが洗車するのはとても大変なの。月に1度，洗車に来ていいわよ。今週土曜日の正午に来てくれる？　もちろんお金を払うけど，あなたに何か昼食も作ってあげたいの。ツナとチーズのサンドイッチはどう？　金曜日の夜までに電話して知らせてね。
それでは，
おばあちゃん

語句　vacation「休み」，part-time job「アルバイト」，guess「～だと思う」，anyway「それはそうと，ともかく」，decide to ～「～することに決める」，business「ビジネス，仕事」，interested「興味がある」，sometime「そのうち，いつか」，worried「心配して」，get old「年を取る」，these days「近ごろ」，pay「(人)に支払う」，tuna「ツナ，マグロ」，let ～ know「～に知らせる」

(23) 解答 1

質問の訳　「最初，マイクの問題は何だったか」

選択肢の訳　1　彼の父親が彼にお金をあげなかった。

2 彼は忙しすぎて新しい仕事を見つけられなかった。
3 彼はプールでの仕事が好きではなかった。
4 彼はうまく泳げなかった。

解 説 Mike's problem「マイクの問題」は，マイクが書いた最初のEメールの4文目にI asked Dad for some money to buy some new games, but he said no. と書かれている。ask ～ for … は「～に…を（くれるように）頼む」という意味。he said no は，父親がマイクにお金をあげることについて no と言ったということ。

(24) 解答 4

質問の訳 「マイクの母親はマイクについて何と言ったか」

選択肢の訳
1 彼は有名な自動車会社で働きたくない。
2 彼の学校で一番好きな科目は数学だ。
3 彼は今年の夏に自動車教習所へ通いたい。
4 彼は数学のテストでいい点数を取らなかった。

解 説 マイクの祖母が書いた2番目のEメールの3文目にYour mother called yesterday. とあり，次のShe said … because you didn't do well on your last math test. が，マイクの母親が祖母に話した内容。didn't do well on ～「～の成績がよくなかった」が，正解4ではdidn't get a good score on ～「～でいい点数を取らなかった」と表現されている。

(25) 解答 1

質問の訳 「今週の土曜日，マイクの祖母がマイクにしてほしいことは」

選択肢の訳
1 彼女の車を洗う。
2 サンドイッチを作る。
3 彼の祖父に電話する。
4 彼女を車で店に連れていく。

解 説 2番目のEメールの7文目で，マイクの祖母はマイクにCould you come and wash my car for me? と洗車を依頼している。さらに11文目のCould you come this Saturday at noon? で，今週の土曜日に来るように頼んでいる。

一次試験・筆記 3C 問題編 p.86～87

ポイント カナダで有名なアイスホッケー選手だったモーリス・リシャールの生涯に関する4段落構成の英文。年号や年齢などに注意しながら，モーリスが子どものときの様子，プロのチームに入ってからの活躍などについて理解しよう。

全訳

モーリス・リシャール

カナダでは，他のどのスポーツよりもサッカーをする子どもたちが多いが，アイスホッケーも人気がある。多くの子どもたちは，プロのアイスホッケー選手になることを夢見ている。彼らにとって，アイスホッケー選手は特別なものだ。有名なカナダ人アイスホッケー選手の1人が，モーリス・リシャールだ。

モーリスは1921年に，カナダのモントリオールで生まれた。子どもの頃，彼はアイススケート，野球，そしてボクシングを楽しんだが，アイスホッケーが一番好きだった。14歳のとき，彼は友だちと一緒に学校でアイスホッケーをし始めた。16歳のとき，学校をやめて，父親と一緒に仕事に就いた。それから，18歳のとき，彼はアマチュアのアイスホッケーチームに入った。

21歳のとき，モーリスはモントリオール・カナディアンズというプロのアイスホッケーチームでプレーし始めた。モーリスはすぐにチームの重要な選手になり，1シーズンで50ゴールを決めた最初の選手になった。彼は力強く，とても速くスケートで滑ったので，人々は彼のことを“ロケット”と呼び始めた。彼がプレーをすると，チームは多くの試合で勝った。彼はモントリオール・カナディアンズがスタンレー・カップ（北米プロアイスホッケー優勝決定戦）で8回優勝することに貢献した。モーリスは1960年に，アイスホッケーをすることをやめた。彼は18年間，プロのアイスホッケー選手だった。

モーリスが2000年に亡くなったとき，多くのカナダ人は悲しんだ。彼は史上最も偉大なアイスホッケー選手の1人だったので，人々は彼のことが大好きだった。モーリス・“ロケット”・リシャール・トロフィーという賞があるので，彼は今でも人々の記憶に残っている。それは毎年，1シーズンで最も多くのゴールを決めた選手に贈られる。

語句　dream of ～ing「～することを夢見る」，professional「プロの」，Canadian「カナダ人の」，ice-skating「アイススケート」，boxing「ボクシング」，left school「学校をやめた」(left<leave「～を去る」の過去形)，important player「重要な選手」，goal(s)「ゴール，得点」，season「(スポーツの) シーズン」，won<win「～に優勝する，勝つ」の過去形，in history「歴史上」，award「賞」，given<give「～を与える」の過去分詞

(26) 解答 2

質問の訳　「カナダではどのスポーツが最も多くの子どもたちにプレーされているか」

選択肢の訳
1 ボクシング。
2 サッカー。
3 野球。
4 アイスホッケー。

解説　第1段落の最初の文に，In Canada, more children play soccer than any other sport と書かれている。「他のどのスポーツよりもサッカーをする子どもたちが多い」とはつまり，サッカーが最も多くの子どもたちがするスポーツということ。

(27) 解答 3

質問の訳　「モーリス・リシャールは16歳のときに何をしたか」

選択肢の訳
1 彼はアイスホッケーをし始めた。
2 彼は友だちと一緒にボクシングクラブに入った。
3 彼は父親と一緒に働き始めた。
4 彼はアマチュアのアイスホッケーチームに入った。

解説　質問の when he was 16 years old に注目して，ほぼ同じ表現が含まれている第2段落の4文目 He left school and got a job with his father when he was 16. から判断する。got a job「仕事に就いた」が，正解3では started working「働き始めた」と言い換えられている。

(28) 解答 3

質問の訳　「モーリスはなぜ "ロケット" と呼ばれたか」

選択肢の訳
1 彼はボクシングがとてもじょうずだった。
2 彼のチームメートが彼のことを大好きだった。
3 彼は力強く，速くスケートで滑った。
4 彼はモントリオール・カナディアンズでプレーをした。

解　説　第3段落の3文目に，He was strong and skated very fast, so people started calling him "The Rocket." とある。～, so … は「～，だから…」という意味で，He was strong and skated very fast が so 以下の理由になっている。正解 3 では，英文にはない skater「スケートをする人」が使われている。

(29) 解答 1

質問の訳　「モーリスが今でも人々の記憶に残っている理由は」

選択肢の訳
1 彼の名前がついた特別な賞がある。
2 彼の名前がついたプロのアイスホッケーチームがある。
3 彼の名前がついたカナダの都市がある。
4 彼の名前がついたスケート学校がある。

解　説　Maurice is still remembered は「モーリスは今でも覚えられている」，つまり，「モーリスは今でも人々の記憶に残っている」ということ。その理由は第4段落の3文目で，… because there is an award called the Maurice "Rocket" Richard Trophy. と説明されている。called「～と呼ばれている」以下を，各選択肢では with his name「彼の名前がついた」と表現している。

(30) 解答 2

質問の訳　「この話は何についてか」

選択肢の訳
1 プロのアイスホッケー選手になる方法。
2 有名なカナダ人アイスホッケー選手。
3 カナダのアマチュアのアイスホッケーチーム。
4 若いアイスホッケー選手に贈られる新しい賞。

解　説　タイトルにもある通り Maurice Richard に関する英文で，彼について第1段落の4文目で，One famous Canadian ice hockey player is Maurice Richard. と説明している。これ以降，彼の生涯について書かれていることから主題として **2** が適切。

一次試験・筆記 4 問題編 p.88

質問の訳　**「あなたは何曜日が一番好きですか」**

解答例　I like Sundays the best because I can play soccer at the park with my friends. Also, my parents aren't busy on Sundays, so I can do many things with them.

解答例の訳　**「友だちと一緒に公園でサッカーをすることができるので，私は日曜日が一番好きです。また，日曜日は私の両親が忙しくないので，両親と一緒に多くのことができます」**

解説　What day of the week は「週のうちでどの日」，つまり，「何曜日」ということ。最初に，一番好きな曜日を I like ～ the best の形で書き，続けてその理由を2つ説明する。解答例では，1文目：自分の考え（日曜日が一番好き）+1つ目の理由（友だちと一緒に公園でサッカーをすることができる），2文目：2つ目の理由（両親が忙しくないので，一緒に多くのことができる）という構成になっている。自分の考えに続けて理由を説明する because「～なので」，理由を追加する Also「また」，直前に述べたことの結果を表す so「だから」などの用法を確認しておこう。

語句　like ～ the best「～が一番好きだ」，parents「両親」，busy「忙しい」

例題 解答 3

放送文 ★：I'm hungry, Annie.
☆：Me, too. Let's make something.
★：How about pancakes?
1 On the weekend. 2 For my friends.
3 That's a good idea.

放送文の訳 ★：「おなかがすいたよ，アニー」
☆：「私もよ。何か作りましょう」
★：「パンケーキはどう？」
1 週末に。 2 私の友だちに。
3 それはいい考えね。

No. 1 解答 1

放送文 ★：Oh, no! It's my turn next.
☆：Are you all right?
★：I'm really nervous.
1 You'll do fine.
2 It's my favorite.
3 They're for school.

放送文の訳 ★：「ああ，どうしよう！ 次はぼくの番だ」
☆：「大丈夫？」
★：「とても緊張しているよ」
1 あなたならうまくできるわ。
2 それは私のお気に入りよ。
3 それらは学校用よ。

解説 ピアノの発表会の場面で，男の子は my turn「自分の順番」が次なので nervous「緊張して」と言っている。これを受けた女の子の発話として適切なのは **1** で，do fine「うまくやる」を使って励ましている。

No. 2 解答 3

放送文 ★：Excuse me.

☆：Yes, sir. How can I help you?

★：Could I see the menu?

1 Good evening, sir.

2 That's very cheap.

3 I'll bring it right away.

放送文の訳 ★：「すみません」

☆：「はい，お客さま。ご用件をお伺いいたします」

★：「メニューを見せていただけますか」

1 こんばんは，お客さま。

2 それはとても安いです。

3 すぐにお持ちいたします。

解説 男性客の Could I see ～? は「～を見せていただけますか」という意味で，menu「メニュー」を見たいということをウエートレスに伝えている。これに対応しているのは 3 で，it は the menu を指す。bring は「～を持ってくる」，right away は「すぐに」という意味。

No. 3 解答 1

放送文 ★：I'm glad that school's over.

☆：Me, too.

★：What are your plans for the summer vacation?

1 I'm going to Los Angeles.

2 It'll be hot.

3 I went to the ocean.

放送文の訳 ★：「学校が終わってうれしいよ」

☆：「私もよ」

★：「夏休みはどういう予定なの？」

1 私はロサンゼルスへ行くの。

2 暑くなるわ。

3 私は海へ行ったの。

解説 What are your plans for ～? は「～の予定[計画]は何ですか」という意味で，男の子は女の子に the summer vacation「夏休み」

に何をするかを尋ねている。Los Angeles「ロサンゼルス」へ行くと具体的な計画を答えている 1 が正解。

No. 4　解答 3

放送文 ★：I think it's going to rain.
☆：I'd better go home, then.
★：Would you like to use my umbrella?
1 It's time for dinner.
2 Our house is green.
3 I'll be OK.

放送文の訳 ★：「雨が降ってくると思うよ」
☆：「それじゃ，私は家に帰らなくちゃ」
★：「ぼくの傘を使う？」
1 夕食の時間よ。
2 私たちの家は緑色よ。
3 私は大丈夫よ。

解説 Would you like to ～?「～したいですか」という質問に Yes/No で答えている選択肢はないが，正解 3 の I'll be OK. は「私は（傘を使わなくても）大丈夫」ということ。I'd better ～（動詞の原形）は「私は～しないといけない[～したほうがいい]」という意味。

No. 5　解答 2

放送文 ★：I had a lot of fun tonight.
☆：Me, too.
★：Thanks for inviting me to dinner.
1 I drove here.
2 It was my pleasure.
3 Sorry, I missed it.

放送文の訳 ★：「今夜はとても楽しかったよ」
☆：「私もよ」
★：「ぼくを夕食に招待してくれてありがとう」
1 私は車でここへ来たわ。
2 どういたしまして。

3 ごめんなさい，それを見逃しちゃったわ。

解説 男性は Thanks for ～「～してくれてありがとう」と，女性が dinner「夕食」に招待してくれたことを感謝している。正解 2 の It was my pleasure. はお礼を言われたときの返答で，My pleasure. の形でも用いられる。

No. 6 解答 2

放送文 ☆：Thanks for taking me fishing, Grandpa.
★：No problem.
☆：I really enjoyed it.
1 I brought one with me.
2 Let's go again sometime.
3 I'll ask your parents.

放送文の訳 ☆：「私を釣りに連れていってくれてありがとう，おじいちゃん」
★：「どういたしまして」
☆：「とても楽しかったわ」
1 私は 1 つ持ってきたよ。
2 またいつか行こうね。
3 きみの両親に聞いてみるよ。

解説 I really enjoyed it. の it は，Grandpa「おじいちゃん」が連れていってくれた fishing「釣り」のこと。「とても楽しかった」を受けた発話になっているのは 2 で，Let's ～(動詞の原形) は「～しよう」，sometime は「そのうち，いつか」という意味。

No. 7 解答 1

放送文 ☆：What are you going to do today?
★：I'm going shopping.
☆：With your friends?
1 No, I'm going by myself.
2 No, I'll buy a dictionary.
3 No, I had lunch already.

放送文の訳 ☆：「今日は何をする予定なの？」
★：「買い物に行くよ」
☆：「友だちと一緒に？」

1 ううん，1人で行くよ。

2 ううん，辞書を買うんだ。

3 ううん，もう昼食を食べたよ。

解説 With your friends? は Are you going shopping with your friends? ということで，買い物に友だちと一緒に行くかどうかを尋ねている。これに対して，No と否定した後，by myself「自分1人で」と答えている **1** が正解。

No. 8 解答 3

放送文 ★：Are you still drawing a picture?

☆：Yes, Dad.

★：When can I see it?

1 I asked my art teacher.

2 I have enough paper.

3 After I finish.

放送文の訳 ★：「まだ絵を描いているの？」

☆：「うん，お父さん」

★：「いつそれを見てもいいかな？」

1 私は美術の先生に尋ねたわ。

2 私は紙を十分持っているわ。

3 私が描き終わったら。

解説 draw a picture は「絵を描く」という意味。When can I see it? の it は女の子が描いている絵を指していて，父親はそれをいつ見ていいかを尋ねている。時を答えているのは **3** の After I finish. で，ここでの finish は「描き終える」ということ。

No. 9 解答 1

放送文 ★：Yuko, is coffee popular in Japan?

☆：Yes, it is.

★：Do you often drink it?

1 No, but my parents do.

2 No, I left it at the café.

3 No, because it's too far.

放送文の訳 ★：「ユウコ，コーヒーは日本で人気があるの？」

☆：「ええ，あるわよ」

★：「きみはよく飲むの？」

1　ううん，でも私の両親はよく飲むわ。

2　ううん，私はそれをカフェに置いてきちゃったわ。

3　ううん，それは遠すぎるから。

解　説　Do you often drink it? の it は coffee「コーヒー」を指している。正解 **1** の No, but … は「自分は飲まないけれど～」ということで，my parents do は my parents often drink it「私の両親はそれ（＝コーヒー）をよく飲む」という意味。

No. 10 解答 ②

放送文 ★：Did you watch the baseball game on TV last night?

☆：No.

★：Why not?

1　I have one in my room.

2　I watched a movie instead.

3　You can't join the club.

放送文の訳 ★：「昨夜，野球の試合をテレビで見た？」

☆：「ううん」

★：「どうして見なかったの？」

1　私は自分の部屋に１つあるわ。

2　私は代わりに映画を見たの。

3　あなたはそのクラブに入れないわ。

解　説　Did you watch the baseball game on TV last night? に女の子は No. と答えているので，Why not? は「どうして野球の試合をテレビで見なかったのか」ということ。I watched a movie と理由を答えている **2** が正解で，instead は「代わりに」という意味。

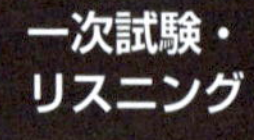

第２部　問題編 p.91～92

No. 11 解答 ①

放送文 ★：Why did you buy so much food, Mom?

☆ : Tomorrow is your grandmother's birthday party, Jim.
★ : I thought we were going to a restaurant.
☆ : No, Grandma wants to have the party at our house.
Question: Where will the party be?

放送文の訳 ★ :「どうしてそんなにたくさん食料を買ったの，お母さん？」
☆ :「明日はおばあちゃんの誕生日パーティーよ，ジム」
★ :「レストランへ行くんだと思ってたよ」
☆ :「ううん，おばあちゃんは私たちの家でパーティーをしたいの」

質問の訳 「パーティーはどこで行われるか」

選択肢の訳
1 ジムの家族の家で。 2 ジムの友だちの家で。
3 スーパーマーケットで。 4 レストランで。

解説 grandmother's birthday partyの場所について，ジムはI thought we were going to a restaurant. と言っているが，その後で母親はGrandma wants to have the party at our houseと答えている。our houseとは，正解1のJim's family's houseのこと。

No. 12 解答 3

放送文 ☆ : Excuse me. Do you have any chocolate cakes?
★ : I'm sorry. They're sold out. But we have some cheesecakes.
☆ : No, thanks. I'll come back tomorrow.
★ : Sure, I'll keep a chocolate cake for you then.
Question: What will the woman do tomorrow?

放送文の訳 ☆ :「すみません。チョコレートケーキはありますか」
★ :「申し訳ありません。売れ切れました。でも，チーズケーキならあります」
☆ :「いえ，結構です。明日また来ます」
★ :「かしこまりました，それではお客さまにチョコレートケーキをお取り置きしておきます」

質問の訳 「女性は明日，何をするか」

選択肢の訳
1 チーズケーキを買う。 2 自分でケーキを作る。
3 また店に行く。 4 違う店で買い物をする。

解説 女性は自分が買いたかったチョコレートケーキがThey're sold

out「売り切れている」とわかったので，I'll come back tomorrow.「明日また来る」と言っている。このことを Go to the store again. と表している 3 が正解。

No. 13 解答 3

放送文 ☆：Jim, what does your dad do?
★：He's a doctor. How about yours, Becky?
☆：He teaches at Weston High School.
★：My brother goes to that school.
Question: Who is a doctor?

放送文の訳 ☆：「ジム，あなたのお父さんのお仕事は何？」
★：「医者だよ。きみのお父さんは，ベッキー？」
☆：「ウェストン高校で教えているわ」
★：「ぼくの兄[弟]がその学校へ通っているよ」

質問の訳 「誰が医者か」

選択肢の訳
1 ベッキーの父親。
2 ベッキーの兄[弟]。
3 ジムの父親。
4 ジムの兄[弟]。

解説 What does ～ do? は職業が何かを尋ねる表現。ベッキーの Jim, what does your dad do? にジムは He's a doctor. と答えているので，医者をしているのはジムの父親。

No. 14 解答 2

放送文 ☆：Dad, there's a new bakery next to the station.
★：Really?
☆：Yes. Can we go there?
★：Sure, let's go now and get some sandwiches for lunch.
Question: What will they do now?

放送文の訳 ☆：「お父さん，駅の隣に新しいパン屋ができたわよ」
★：「本当？」
☆：「うん。そこへ行ける？」
★：「いいよ，今から行って，昼食にサンドイッチを買おう」

質問の訳 「彼らは今から何をするか」

選択肢の訳
1 電車に乗る。
2 新しくできたパン屋へ行く。
3 彼らの昼食を作る。
4 彼らの友だちの家を訪ねる。

解 説　a new bakery「新しくできたパン屋」が話題。この後の行動は，父親の let's go now and get ...「今から行って，～を買おう」から判断(はんだん)する。let's go now とは，今から新しくできたパン屋へ行くということ。next to ～は「～の隣(となり)に」という意味。

No. 15 解答 4

放送文
☆：What did you do on Saturday, Ken?
★：I practiced with my band, Grandma.
☆：How about Sunday?
★：I studied with a friend.
Question: What are they talking about?

放送文の訳
☆：「土曜日は何をしたの，ケン？」
★：「ぼくのバンドと練習したんだ，おばあちゃん」
☆：「日曜日は？」
★：「友だちと一緒(しょ)に勉強したよ」

質問の訳　「彼(かれ)らは何について話しているか」

選択肢の訳
1 ケンの新しい友だち。　2 ケンの大好きなバンド。
3 ケンの部屋。　4 ケンの週末。

解 説　祖(そ)母がケンに尋(たず)ねている2つの質(しつ)問 What did you do on Saturday, Ken? と How about Sunday? から，ケンが土曜日と日曜日，つまり weekend「週末」に何をしたかが話題になっていることがわかる。

No. 16 解答 1

放送文
★：Sorry I couldn't go to your soccer game last Friday.
☆：That's OK.
★：Did your team win?
☆：Yes, but I didn't get any goals.
Question: What happened last Friday?

放送文の訳
★：「先週の金曜日，きみのサッカーの試合に行けなくてごめん」
☆：「いいのよ」
★：「きみのチームは勝ったの？」
☆：「ええ，でも私(わたし)はゴールを決められなかったわ」

質問の訳　「先週の金曜日に何があったか」

選択肢の訳　**1** 女の子のチームが試合に勝った。
2 女の子がゴールを決めた。
3 男の子がサッカーの試合に行った。
4 コーチが遅刻した。

解　説　last Friday にあった女の子の soccer game が話題。男の子の Did your team win? に女の子は Yes と答えているので，**1** が正解。won は win「勝つ」の過去形。男の子の I couldn't go to your soccer game，女の子の I didn't get any goals から，**2** と **3** は不正解。

No. 17 解答 4

放送文
★：I finished my homework, Ms. Westwood.
☆：Already? I just gave it to you this morning.
★：I did it at lunchtime because I'll be busy tonight.
☆：That's great.
Question: When did the boy do his homework?

放送文の訳
★：「宿題が終わりました，ウェストウッド先生」
☆：「もう？　今朝出したばかりよ」
★：「今夜は忙しくなるので，昼休みにやりました」
☆：「それはすごいわ」

質問の訳　「男の子はいつ宿題をしたか」

選択肢の訳　**1** 昨日の朝。　**2** 昨夜。
3 今朝。　**4** 昼休みに。

解　説　男の子の I did it at lunchtime から，**4** が正解。it はウェストウッド先生から今朝出された homework「宿題」を指している。at lunchtime は「昼休みに，昼食時に」という意味。

No. 18 解答 1

放送文
☆：You look sad, Billy.
★：Yeah. I wanted to look at the stars tonight, but it's too cloudy.
☆：Well, the newspaper says it'll be nice tomorrow.
★：I hope so.
Question: Why is Billy sad?

放送文の訳 ☆：「悲しそうね，ビリー」
★：「うん。今夜，星を見たかったんだけど，雲が多すぎるんだ」
☆：「うーん，新聞には明日は晴れるって書いてあるわ」
★：「そうだといいんだけど」

質問の訳 「ビリーはなぜ悲しいのか」

選択肢の訳 1 彼は今夜，星を見ることができない。
2 明日はくもりになる。
3 彼は新聞を見つけることができない。
4 彼の理科の宿題が難しい。

解説 女の子から You look sad, Billy. と言われたビリーは，I wanted to look at the stars tonight, but it's too cloudy. と答えている。too ～（形容詞）は「～すぎる，あまりに～」という意味で，it's too cloudy は「雲が多すぎる（ので星が見られない）」ということ。

No. 19 解答 2

放送文 ☆：What's wrong?
★：My washing machine broke again.
☆：Are you going to buy a new one?
★：I want to, but I won't have enough money until next month.
Question: What does the man want to do?

放送文の訳 ☆：「どうしたの？」
★：「ぼくの洗濯機がまた壊れちゃったんだ」
☆：「新しいのを買うの？」
★：「そうしたいんだけど，来月までは十分なお金がないんだ」

質問の訳 「男性は何をしたいか」

選択肢の訳 1 女性のお金を返す。 2 新しい洗濯機を買う。
3 新しい家を買う。 4 来月に女性を訪ねる。

解説 Are you going to buy a new one? の one は，washing machine「洗濯機」を指している。この質問への男性の答え I want to は，I want to (buy a new washing machine) を短く表現したもの。正解 2 では，buy と同じ意味で Get が使われている。

No. 20 解答 1

放送文 ☆：Did you go running yesterday?
★：Yes. I got up at six thirty and ran five kilometers before work.
☆：Great. I'm going to run 10 kilometers tonight.
★：Good luck.
Question: How far did the man run yesterday?

放送文の訳 ☆：「昨日は走りに行ったの？」
★：「うん。6時30分に起きて，仕事の前に5キロ走ったよ」
☆：「すごいわね。私は今夜，10キロ走るつもりよ」
★：「がんばってね」

質問の訳 「男性は昨日，どれくらいの距離を走ったか」

選択肢の訳 1 5キロ。 2 6キロ。 3 10キロ。 4 30キロ。

解説 男性の I ... ran five kilometers before work. から，1が正解。ran は run「走る」の過去形。3の Ten kilometers. は，女性が今夜走る距離。男性の起床時間である six thirty を聞いて2や4を選ばないように注意する。

一次試験・リスニング 第3部 問題編 p.93〜94 ▶MP3 ▶アプリ ▶CD 2 23〜33

No. 21 解答 2

放送文 Yuko is going to play tennis this weekend. She'll meet her friends at the station early on Saturday morning. They're going to take the train together to the tennis court.
Question: Where is Yuko going to meet her friends?

放送文の訳 「ユウコは今週末，テニスをする予定だ。土曜日の朝早くに，駅で友だちと会う。彼女らは一緒に電車に乗ってテニスコートへ行く」

質問の訳 「ユウコはどこで友だちに会うか」

選択肢の訳 1 電車の中で。 2 駅で。
3 テニスコートのそばで。 4 彼女の家で。

解説 ユウコが友だちと会う場所については，2文目で She'll meet her friends at the station ... と説明されていることから，2が正解。

They're going to take the train together とあるが，電車に乗る前に友だちと会うので **1** は不正解。

No. 22 解答 3

放送文　Last weekend, my family and I drove to my grandparents' house. Our dog doesn't like cars, so he couldn't come with us. I asked my friend George to take care of him.
Question: What did the girl ask George to do?

放送文の訳　**「先週末，私は家族と車で祖父母の家に行った。我が家の犬は車が好きではないので，一緒に来ることができなかった。私は友だちのジョージに犬の世話をしてくれるように頼んだ」**

質問の訳　**「女の子はジョージに何をするように頼んだか」**

選択肢の訳
1 旅行に行く。
2 彼女にペットを買う。
3 彼女の犬の世話をする。
4 彼女の祖父母を訪ねる。

解説　最後の I asked my friend George to take care of him. から判断する。ask ～ to … は「～に…するように頼む」，take care of ～は「～の世話をする」という意味。him は our dog「我が家の犬」を指している。

No. 23 解答 4

放送文　Tom was busy yesterday. In the morning he helped his mother with the shopping, and after lunch, he went to his part-time job in a restaurant. When he got home in the evening, he had to study.
Question: What did Tom do after lunch yesterday?

放送文の訳　**「トムは昨日忙しかった。午前中に彼は母親の買い物の手伝いをして，昼食後にレストランでのアルバイトに行った。夕方に帰宅してからは，勉強しなければならなかった」**

質問の訳　**「トムは昨日の昼食後に何をしたか」**

選択肢の訳
1 彼は買い物に行った。
2 彼は家で勉強した。
3 彼は母親の手伝いをした。
4 彼はレストランで働いた。

解説　昼食後にしたことは，… and after lunch, he went to his part-time job in a restaurant. から判断する。part-time job は「アルバイト」という意味。この内容を，正解 **4** では worked at a restaurant「レストランで働いた」と表現している。

No. 24 解答 4

放送文 Last weekend, I went to the bookstore to buy a birthday present for my brother. He loves airplanes, and I found a good book about airplanes. But it was too expensive, so I couldn't buy it.
Question: What was the girl's problem?

放送文の訳 「先週末，私は兄[弟]の誕生日プレゼントを買うために書店へ行った。彼は飛行機が大好きで，私は飛行機に関するいい本を見つけた。でも値段が高すぎたので，それを買うことができなかった」

質問の訳 「女の子の問題は何だったか」

選択肢の訳
1 彼女は兄[弟]を見つけることができなかった。
2 彼女は兄[弟]の誕生日を忘れた。
3 書店が開いていなかった。
4 本の値段が高すぎた。

解説 女の子の problem「問題」は，最後の But it was too expensive, so I couldn't buy it. で説明されている。it はいずれも，bookstore「書店」で見つけた a good book about airplanes「飛行機に関するいい本」を指している。

No. 25 解答 1

放送文 Brian can speak English and Chinese. His mother is from China, and she taught him Chinese. This summer, he plans to visit his grandparents in China by himself.
Question: What is Brian going to do this summer?

放送文の訳 「ブライアンは英語と中国語を話すことができる。彼の母親は中国出身で，彼女が彼に中国語を教えた。今年の夏，彼は1人で中国にいる祖父母を訪ねる予定だ」

質問の訳 「ブライアンは今年の夏に何をする予定か」

選択肢の訳
1 彼の祖父母を訪ねる。
2 母親と一緒に旅行に行く。
3 学校で英語を教える。
4 中国語を学び始める。

解　説　This summer 以降の he plans to visit his grandparents in China by himself で，ブライアンが今年の夏に計画していることが説明されている。plan(s) to ～は「～する予定である」，by *one*self は「1人で」という意味。

No. 26 解答 1

放送文　I'm going to my friend's wedding in March. I already have a dress, and I'll buy some new shoes from my favorite store tomorrow. I'm not going to wear a hat.
Question: What will the woman buy tomorrow?

放送文の訳　「私は3月に友だちの結婚式へ行く予定だ。すでにドレスは持っていて，明日，私のお気に入りの店で新しい靴を買う。帽子はかぶっていかないつもりだ」

質問の訳　「女性は明日，何を買うか」

選択肢の訳　1 靴。　2 ドレス。　3 結婚指輪。　4 帽子。

解　説　明日買うものについては，… and I'll buy some new shoes from my favorite store tomorrow. と言っているので，**1** が正解。favorite は「お気に入りの」という意味。I already have a dress や I'm not going to wear a hat. から，**2** と **4** は不正解。

No. 27 解答 4

放送文　Chelsea's house is a little dirty because she hasn't cleaned it since last Friday. She's going to clean the kitchen on Saturday evening and the living room and bedrooms on Sunday morning.
Question: When will Chelsea clean the living room?

放送文の訳　「チェルシーの家は，彼女が先週の金曜日以来掃除をしていないので，少し汚れている。彼女は土曜日の夕方に台所を，日曜日の朝にリビングと寝室を掃除するつもりだ」

質問の訳　「チェルシーはいつリビングを掃除するか」

選択肢の訳　1 今朝。　2 金曜日の夕方。
3 土曜日の夕方。　4 日曜日の朝。

解　説　チェルシーが自分の家のどこをいつ掃除するかについて，the kitchen「台所」→ on Saturday evening，the living room and bedrooms「リビングと寝室」→ on Sunday morning の情報を聞き分けるようにする。dirty は「汚れて」という意味。

No. 28 解答 4

放送文　Hiroko is a university student in England. She studies math, science, and music. She enjoys music the most because she thinks math and science are difficult.
Question: Which subject does Hiroko like the best?

放送文の訳　**「ヒロコはイングランドの大学生だ。彼女は数学，科学，音楽を勉強している。彼女は数学と科学は難しいと思っているので，音楽を一番楽しんでいる」**

質問の訳　**「ヒロコはどの科目が一番好きか」**

選択肢の訳　**1 英語。　2 数学。　3 科学。　4 音楽。**

解説　She enjoys music the most「彼女は音楽を一番楽しんでいる」に正解が含まれている。she thinks math and science are difficult とあるので，2 と 3 は不正解。

No. 29 解答 1

放送文　My younger sister loves to write stories. Last weekend, I read one. I was surprised because it was really good. I think she's going to be a famous writer someday.
Question: Why was the boy surprised?

放送文の訳　**「ぼくの妹は物語を書くことが大好きだ。先週末，ぼくは1つ読んだ。それはとてもよかったので，ぼくは驚いた。妹はいつか有名な作家になると思う」**

質問の訳　**「男の子はなぜ驚いたか」**

選択肢の訳
1 彼の妹の物語がとてもよかった。
2 彼は有名な作家に会った。
3 彼の妹が賞を取った。
4 彼は図書館の本を見つけた。

解説　I was surprised「驚いた」の理由は，その後の because it was really good で説明されている。it は男の子が先週末に読んだ，妹が書いた物語の1つを指している。read「～を読んだ」は過去形として使われていて，red「赤，赤い」と同じ発音であることに注意する。

No. 30 解答 2

放送文 Thank you for joining today's hiking tour. After walking for about two hours, we'll take a 30-minute break to eat lunch. We'll arrive back here at about 1:15.
Question: How long will they stop for lunch?

放送文の訳 **「本日のハイキングツアーにご参加いただき，ありがとうございます。2時間ほど歩いた後に，昼食をとるために30分休憩(けい)します。ここには1時15分ごろに戻(もど)ってきます」**

質問の訳 **「彼(かれ)らは昼食にどれくらいの時間止まるか」**

選択肢の訳 **1 15分間。　2 30分間。　3 1時間。　4 2時間。**

解説 hiking tour「ハイキングツアー」の参加者への案内。we'll take a 30-minute break to eat lunch とあるので，**2** が正解(かい)。take a break は「休憩(けい)を取る」，30-minute ～は「30分間の～」という意味。**4** の two hours は昼食休憩(けい)の前に歩く時間。

全訳

人気のある日本食

豆腐は多くのおいしい日本料理で使われる。豆腐をサラダやスープ，そしてアイスクリームやケーキの中にも入れることが好きな人たちがいる。豆腐は健康によくて値段も安いので，多くの人たちに食べられている。

質問の訳

No.1 パッセージを見てください。豆腐はなぜ多くの人たちに食べられていますか。

No.2 イラストを見てください。女性はボトルの水を何本持っていますか。

No.3 めがねをかけた男性を見てください。彼は何をしようとしていますか。

さて，〜さん，カードを裏返しにしてください。

No.4 あなたは暇なときに何をしてリラックスしますか。

No.5 あなたは動物園へ行ったことがありますか。

はい。　→ もっと説明してください。

いいえ。→ あなたは週末にどこへ行くことが好きですか。

No. 1

解答例

Because it is healthy and cheap.

解答例の訳

「それは健康によくて値段も安いからです」

解説

質問は eat「〜を食べる」の過去分詞 eaten を使った受動態で，tofu「豆腐」が多くの人たちに食べられる理由を尋ねている。3文目に正解が含まれているが，解答する際，①質問の主語と重なる Tofu を3人称単数の代名詞 it に置き換える，②文の後半 so it is eaten by many people「だからそれは多くの人たちに食べられている」は質問と重なる内容なので省く，という2点に注意する。

No. 2

解答例

She's holding two bottles of water.

解答例の訳

「彼女はボトルの水を2本持っています」

解説

〈How many＋複数名詞〉は数を尋ねる表現。bottle(s) は「ビン，ボトル」という意味で，女性がボトルの水を何本持っているか尋ねている。イラストで女性はボトルの水を2本持っているが，単に Two bottles of water. と答えるのではなく，質問の現在進行形に合わせて She's [She is] holding two bottles of water. と答える。

No.3

解答例 He's going to clean the floor.

解答例の訳 **「彼は床を掃除しようとしています」**

解　説 イラスト中の the man with glasses「めがねをかけた男性」に関する質問。be going to ～は「～しようとしている」という意味で，男性がこれからとる行動は吹き出しの中に描かれている。質問に合わせて，He's [He is] going to ～(動詞の原形) の形で答える。「床を掃除する」は clean the floor と表現する。

No.4

解答例 I read comic books.

解答例の訳 **「私はマンガ本を読みます」**

解　説 What do you do to relax は「リラックスするために何をするか(何をしてリラックスするか)」，in *one's* free time は「暇なときに」という意味。暇なときに何をしてリラックスするかを，I から始めて文の形で答える。

No.5

解答例 Yes. → Please tell me more.
　— I went to Ueno Zoo yesterday.
No. → Where do you like to go on weekends?
　— I like to go to the shopping mall.

解答例の訳 **「はい」→ もっと説明してください。**
**　—「私は昨日，上野動物園へ行きました」**
「いいえ」→ あなたは週末にどこへ行くことが好きですか。
**　—「私はショッピングモールへ行くことが好きです」**

解　説 最初の質問の Have you ever been to ～? は「今までに～へ行ったことがありますか」という意味で，zoo「動物園」に行ったことがあるかどうかを Yes(, I have). / No(, I haven't). で答える。Yes の場合の2番目の質問 Please tell me more. には，いつ，どの動物園へ行ったかなどについて答えればよい。No の場合の2番目の質問 Where do you like to go on weekends? には，週末に行くことが好きな場所を，I like to go to ～ の形で答える。解答例の他に，（Yes の場合）I went to a zoo in Chiba last year.「私は昨年，千葉の動物園に行きました」，（No の場合）I like to go to the park near my house.「私は家の近くの公園へ行くことが好きです」のような解答も考えられる。

二次試験・面接

問題編 p.98～99

全訳

健康クラブ

日本には，健康クラブがたくさんある。多くの人たちはじょうぶな体で健康でいたいと思うので，健康クラブの会員になる。時々，人々はそこで新しい友だちを作ることもできる。

質問の訳

No.1　パッセージを見てください。多くの人たちはなぜ健康クラブの会員になるのですか。

No.2　イラストを見てください。テレビはどこにありますか。

No.3　女性を見てください。彼女は何をしようとしていますか。

さて，～さん，カードを裏返しにしてください。

No.4　あなたはどのようなジャンルの映画を見るのが好きですか。

No.5　あなたはレストランで食事をするのが好きですか。

はい。　→ もっと説明してください。

いいえ。→ なぜですか。

No. 1

解答例 Because they want to stay strong and healthy.

解答例の訳 「じょうぶな体で健康でいたいと思うからです」

解説 質問文の become は「～になる」，member(s) は「会員」という意味。正解を含む 2 文目は，〈～，so …〉「～（原因・理由），だから…（結果）」の構文。解答する際，①質問の主語と重なる Many people を 3 人称複数の代名詞 they に置き換える，②文の後半 so they become members of health clubs「だから彼らは健康クラブの会員になる」は質問に含まれている内容なので省く，という 2

点に注意する。

No. 2

解答例 It's on the wall.

解答例の訳 **「壁にかかっています」**

解 説 Where は「どこに」という意味で，television「テレビ」がある場所を尋ねている。解答する際は，質問の主語 the television を3人称単数の代名詞 It で置き換える。動詞は質問と同じ is を使って，It's [It is] とする。テレビは壁にかかっているので，It's の後に on the wall を続ける。on は「～の上に，～に接触して」という意味の前置詞。

No. 3

解答例 She's going to open the window.

解答例の訳 **「彼女は窓を開けようとしています」**

解 説 be going to ～は「～しようとしている」という意味で，女性がこれからとる行動は吹き出しの中に描かれている。質問に合わせて，She's [She is] going to ～(動詞の原形) の形で答える。「窓を開ける」は open the window と表現する。

No. 4

解答例 I like to watch action movies.

解答例の訳 **「私はアクション映画を見るのが好きです」**

解 説 What kind of ～は「どのような種類[ジャンル]の～」という意味。自分が見ることが好きな movies「映画」のジャンルを，I like to watch ～ の形で答える。解答例の action movies の他に，science fiction movies「SF 映画」や adventure movies「冒険映画」と答えることもできるが，ジャンルを聞かれているので，特定の映画名を答えないように注意する。

No. 5

解答例 Yes. → Please tell me more.

— I like to eat sushi.

No. → Why not?

— I like to eat at home.

解答例の訳 **「はい」→ もっと説明してください。**

—「私はすしを食べるのが好きです」

「いいえ」→ なぜですか。
　—「私は家で食べるのが好きです」

解　説　最初の質問には，eat at restaurants「レストランで食事をする」のが好きかどうかを Yes(, I do). / No(, I don't). で答える。Yes の場合の 2 番目の質問 Please tell me more. には，レストランで食事をするのが好きな理由や何を食べるかなどを答えればよい。No の場合の 2 番目の質問 Why not? は「なぜそうではないのか」，つまり「なぜレストランで食事をすることが好きではないのか」ということ。解答例のほかに，（Yes の場合）I often eat at restaurants on weekends.「私はよく週末にレストランで食べます」，（No の場合）There aren't any good restaurants near my house.「私の家の近くにはいいレストランがありません」のような解答も考えられる。

英検受験の後は 旺文社の

英検® 一次試験 解答速報サービス

PC・スマホからカンタンに自動採点！

- ウェブから解答を入力するだけで，リーディング・リスニングを自動採点
- ライティング（英作文）は観点別の自己採点ができます

大問別の正答率も一瞬でわかる！

- 問題ごとの〇×だけでなく，技能ごと・大問ごとの正答率も自動で計算されます

英検®一次試験 解答速報サービス
https://eiken.obunsha.co.jp/sokuhou/

※本サービスは従来型の英検1級～5級（本会場・準会場実施）に対応しています
※本サービスは予告なく変更，終了することがあります

旺文社の英検®合格ナビゲーター https://eiken.obunsha.co.jp/

英検合格を目指す方には英検®合格ナビゲーターがオススメ！
英検試験情報や級別学習法，オススメの英検書を紹介しています。

2020-2021
年対応

直前対策

文部科学省後援

英検® 3級 3回過去問集

別冊解答